不安をしずめる心理学

加藤諦三
Kato Taizo

PHP新書

はじめに

●自分で不幸になる選択をしている

不安にどう対処するかということは、人間の最大の問題です。

デンマークの哲学者キェルケゴールは「不安は自由の可能性である」「不安を正しく抱くことを学んだ者は、最高のことを学んだのである」と述べています（『自己不安の構造』石田春夫、講談社、156頁）。

いまの時代は、新型コロナウイルスの問題もあって、特に不安に陥りやすい状況です。しかし、だからいま、不安が問題と言っているわけではありません。

もともと不安は人生最大の問題です。人は誰でもみんな不安を抱いています。

「不安は成長と認識を制限し、感情生活の領域をせばめる。そして情動的健康『emotional

health』は個人認識の度合いと等しくなる。それゆえ不安をあきらかにすること、ひいては、認識を拡げ、自我を拡大することになり、それは情動的健康達成の道でもある。」（『不安の人間学』ロロ・メイ〈著〉、小野泰博〈訳〉、誠信書房、119頁）

この点を正しく理解しないことが、現代人が幸せになれない根源的な原因です。人間は自立への願望と依存心の葛藤の中にいます。それは意識の領域と無意識の領域との葛藤という不安を抱えた状態でもあります。

本人は幸せになる選択をしたつもりでも、不幸になる選択をしているのです。

●待っていても困難は解決されない

ところで、不安への対処を間違えるとは、どういうことでしょうか？

イメージしやすいように、新型コロナウイルスの感染症問題をめぐる議論を例に考えてみましょう。

現代の危機は、新型コロナウイルス感染症そのものではありません。我々が、新型コロナと闘う意志と能力そのものを喪失しつつあることです。

オーストリアの精神科医ベラン・ウルフは、躊躇《ちゅうちょ》神経症ということを言っています。躊躇神経症の人は「待っていると障害が消える」「誰かが自分の困難を解決してくれる」ということを期待します。これは不安をしずめる魔法の杖《つえ》であり、分かりやすく言えば麻薬を求めるようなものです。

「抑圧された敵意は、人から現実の危険を認め、これに対して闘う能力を奪ってしまう。」
（前掲書『不安の人間学』１１２頁）

私は大学院のゼミで、ヘーゲルの歴史哲学を学びました。

その中でも一つ、いまでもよく覚えているのは、ヘーゲルが「歴史上の課題で解決が難しいのは、正しいことと、正しいことの矛盾衝突である」と主張したことです。

「ああ、なるほどな。本当に人類の歴史を考察した人だな」と納得したのが記憶に残っています。

「正しいこと」と、「間違ったこと」が衝突した場合は簡単です。これは「正しいこと」を選択すればいいだけでしょう。

一方で本当に難しくて判断に苦しむのは、「正しいこと」と「正しいこと」の矛盾衝突です。

ヘーゲルの歴史哲学に学ぶまでもなく、歴史上、解決の難しい課題は常に「正しいこと」と「正しいこと」の矛盾対立でした。

視点の限られた議論であれば、正しいことなど中学生でも分かります。大の大人が議論するまでもありません。

ところが、コロナの問題をめぐり、総理大臣の発言や国会での議論を聞いていると、とても国会の議論とは思えません。飲み屋で愚痴を言って、溜まっていたマイナスの感情を吐《は》き出しているだけなのか、とさえ思ってしまいます。

新型コロナウイルス感染症問題では、そもそも議論の視点そのものが間違っているのです。

●安易な解決法は混乱を招く

新型コロナウイルス感染症の解決と、景気回復を両立させるという政策そのものが間違っていたのです。

国のリーダーが本気でヘーゲルのような哲学を学んでいれば、今回のコロナは第一波で防げたのではないでしょうか。

残念なことに、この感染症の解決と景気回復の両立という安易な考え方に、多くの人々が同調しました。

その時は楽ですが、そのような安易な解決方法は、長い時間的枠組みにおいては最悪の結果をもたらします。不安の本質を理解しないと安易な解決を求めてしまい、問題はますます深刻になります。

この国難の中で、日本が経済成長することを期待しているのかもしれません。しかし、そのような魔法の杖は人類の歴史上、存在しませんでした。現実を都合よく歪《ゆが》めて解釈することは、浅はかな楽観主義を超えた、ナルシシズムの表われです。

いま日本が陥っているもっとも恐ろしい症状は、この自分たちに都合の良いように現実を解釈するというナルシシズムなのです。言葉を変えれば、現実否認です。

国は深刻な国難に対処する知恵も勇気もないままに、ナルシシズムという幼児性に逃げてしまっています。

実際に、新型コロナウイルス感染症の議論では当初、盛んに「リーマン・ショック以来の危機」というようなトンチンカンな議論がなされていました。「リーマン・ショックの危機」に、「正しいこと」同士の対立による矛盾の解決という難しさはありません。あったのは、経済の回復の問題だけです。

●接触が減ったことによる影響の重大さ

このような歴史上まれな種類の国難の時代に、安易な解決しか語れない国のリーダーには哲学がありません。

いまの議論のもう一つの間違いは、コロナ問題の解決に至る時間的枠組みのあまりの短さです。一カ月先、半年先、一年先しか考えていません。

感染症対策と経済的不況回復の両立のような解決法を続けていると、数十年後にもっと恐ろしいことが起きるでしょう。

人との接触を少なくして過ごすことによる影響の重大さに誰も気づいていません。いまの幼稚園児や小学生が四十代、五十代になって国を背負う立場になった時に、日本は手がつけられない惨状を迎えるはずです。

その惨状を、ひと言でいうなら、社会が社会として成立する土台である「共通感覚」の崩壊です。「なぜ人を殺してはいけないのか？」という幼稚な感覚を持った大人が現われてくることでしょう。

すでにコロナ問題の前から、社会が社会として成立する根源である「共通感覚」が喪失したことによって、ストーリーなき犯罪が増加していました。

「あいつに、こんなことを言われて許せなかった」といった類《たぐい》の衝動的な殺人事件が起きているのです。

大きな罪を犯しておきながら、「お前たちだって、豚や牛を殺して食っているじゃないか」

と言ってふてくされる少年たち。日本はコロナ問題解決のための接触自粛を進めてきた一方で、このような子どもの心の崩壊という問題を無視しています。

●みんな〝軽い躊躇神経症〟にかかっている

アメリカの心理学者シーベリーは「不幸を受け入れる」という名言を残しています。「すると、やることが見えてくる」とも言っています。

詳しくは、のちほど説明しますが、不安の消極的解決を求める人たちは、どうしても現実が認められません。そして無駄なエネルギーを使って消耗してしまうのです。

現代の危機は、新型コロナウイルス感染症そのものではありません。

前に述べたように、新型コロナウイルス感染症によって引き起こされる「共通感覚」の崩壊のような問題に対して、闘う意志と能力そのものを喪失しつつあることです。

それは「幸福を得る力をも捨てている」ということでもあります。

ベラン・ウルフが、躊躇神経症ということを言っていることはすでに述べました。

「待っていると障害が消える」「誰かが自分の困難を解決してくれると期待する」というのは、ありもしない「魔法の杖を求める」ことであり、簡単に言えば「麻薬を求める」ようなものです。

いまの人々は、軽い躊躇神経症にかかっていると考えていいと思います。

だから、何度も緊急事態宣言を出しても、若者には危機感がありませんでした。誰かが自分の困難を解決してくれることを期待していたのです。

ナルシスティックな願望に従って現実を歪め、自分にとって都合が良い解釈をして、心の中の願望を通して現実を見ているのです。

「気持ちが緩んだ」という表現がよく聞かれましたが、崩壊への警鐘としてそれを受け止めなければなりません。

自分たちのナルシシズムにかなうように現実を解釈しているのは、もちろん若者たちだけではありません。感染者数が減ってきた途端に、再び「Ｇｏ Ｔｏ」が議論される。

安易な解決を求める心の習慣が、どんどん強化されます。煙を避けて焚《た》き火にあたろうとすることが当たり前になってくるのです。幼児のまま大人になった人間がどんどん増加します。

感染症の解決と景気回復のバランスを取るという安易な政策の失敗で、生きることはより苦しくなることでしょう。無力感がまん延しています。命より経済が大切という選択の背後に、そうした価値観があるのです。

いかにいまの日本社会が心理的に病んでいるかという認識に基づいて対策を考えない限り、根本的な解決はありません。たとえコロナ禍を乗り切ったとしても、次の危機に対応することはできないでしょう。

そこで私から現代への提言は「不安の心理を理解せよ」です。

「抑圧された敵意は、人から現実の危険を認め、これに対して闘う能力を奪ってしまう」とは、先に紹介した心理学者ロロ・メイの言葉です。

いまの人々は現実の危険を認め、それと闘う能力を奪われてしまっています。

アメリカの心理学者マズローは、「自己実現している人は矛盾に耐えられる」という名言を残しています。

現在、多くの人々が、自己実現が未達成のままの生き方をしています。安易な解決によって事態を悪化させ続けています。まさに文明が進むほど、人々は不幸になっていく典型例でしょう。そうならないためには不安の心理の理解が欠かせません。

●消極的な解決と積極的な解決

「不安のしずめ方」というテーマを、本書でどういう流れで解説していくかというと、最初に、全体として不安というのはどういうものなのかを説明します。

その次に、もともと不安というのは我々にとって避けたい感情であり、この感情だけは勘弁してくれというものですから、そういう心理の解決の仕方について考えていきましょう。

その解決の方法として、まず「不安の消極的な解決の仕方」について述べます。

「消極的な解決の仕方」とは、ひと言で言うなら「不安でどうしようもない時は、お酒を飲んで忘れてしまいましょう」ということです。

アルコール依存症になってしまいかねませんが、お酒を飲んでいれば不安を一時忘れることができます。望ましくない不安の解決法ではありますが、最初にこれについて述べます。

その次に、「積極的な解決」という方法について説明します。これは実践するのが大変難しい方法ですが、不安に正面から向き合い、どう解決したらいいのかを考えます。

本書を通じて、人間の不幸の原因と、その人間が課せられた人生の課題にどう対処するのが望ましいか、どう対処することで幸せになれるのかも考えたいと思います。

本書は、二〇二〇年三〜四月にNHK文化センター
青山教室で講義した内容をもとにして制作した
電子書籍『誰にもわかってもらえない不安のしずめ方』
(二〇二一年九月)を改題し、大幅に再編集いたしました。

不安をしずめる心理学

目次

はじめに

第一章 人はなぜ、不安に苦しむようになったのか

第二章　「現実的な不安」と「神経症的不安」

第三章　不安よりも不幸がいい

第四章　擬似成長と隠された敵意

第五章

不安と怒りの深い関係

第六章 不安から逃げる「消極的解決」

第七章 乗り越えるための「積極的解決」

おわりに

第一章

人はなぜ、不安に苦しむようになったのか

●始まりは共同体の崩壊

現在のコロナの状況で不安の問題について考えるということは、「人類はどのように生きていったらいいのか?」というような大問題を考えるのと同じことです。

つまり、本書を通して人類の本当の問題について考えることになるでしょう。

長い人類の歴史を考えてみると――新型コロナウイルスの問題が起こるはるか以前――もともと人間が不安に苦しみ出したのは、共同体の崩壊が始まった時からでした。

人類の歴史を辿ると、共同体から機能集団の歴史になりました。機能集団の一例は、会社などの組織です。一方、共同体というのは家庭などです。

かつては共同体に属してさえいれば、「君は君だから生きている意味がある、価値がある」とされた。人間はそこにいること自体に意味が持てました。

ところが、機能集団というのは共同体とはまったく異なり、そこに属しているだけでは価値や意味を持てません。

例えば、会社の部長が「俺は俺だから意味がある」と言って、その役割を果たさなければどうなるでしょう。会社は潰れてしまうかもしれません。そもそも、その人が集団の中で求められている役割を果たさなければ、必要とされないでしょう。人間の社会は共同体から機能集団になったわけですが、この流れ自体が、我々にとって不安な時代に入ったことを意味しています。

さらに、現代について考えてみると、消費社会、競争社会へ変化してきました。実はこのことが、我々の不安をより強いものにしているのです。

競争社会とそうではない社会とでは、我々が感じる不安はまったく違います。

競争社会は、勝つか負けるかという社会です。勝つことでしか不安から逃れられない人は、早く結果を出そうとして焦る。いましていることの結果を気にして、いつまでも不安です。

●神経症に向かう社会

また消費社会も同様に人を強い不安に陥れます。

消費社会は「これを買えば、こんないいことがありますよ」という商品をどんどん売る社会です。このクリームをつけたら「十歳若返ります」「きれいなお肌になります」「このハンドバッグを持ったらすてきに見えますよ」といった具合に商品を売りつけます。

要するに、消費社会は「安易な解決を可能にする商品を競って売る社会」なのです。安易な解決を求めるというのは、社会全体が神経症に陥っていることを意味しています。人は生きている以上、さまざまな苦しいこと、大変なことに直面しますが、そうした苦しみに対して「こうすれば解決できる」と言う人がいると、安易な解決法を求めて、多くの人がその人のところに集まってしまう。

いわば消費社会とは、みんなが一生懸命、神経症に向かって走っているような社会。しかも、それを社会として推奨しているのです。

人生を生きるのは本当に大変で、人間は誰もが幸せになるようにプログラムされているわけではありません。

そうであるにもかかわらず、「これを読めば幸せになれます」という本がどんどん出版されます。どうすれば簡単に不安を消せるか、といった内容の一時間か二時間で読める本を出版社も求めるのです。

もちろん、それほど簡単に不安を消すことなどできませんが、だからといって本当に不安を消すことができる方法を説いた、実践することが難しい内容の本は、出版社から発刊を断られます。

「不安を消せる、こんな簡単な方法がありますよ」という本と、「人間の不安というのは根源的な問題であり、大変なことなのだ」と書いた本があるとします。

さらに、後者には「生きるということをなめてはいけないよ」というようなことが書いてあったとしましょう。そうした時に、読者がどちらを買うかといえば、多くの人が不安を消す簡単な方法を書いてあるほうを手に取りがちです。

消費社会はとにかく物を売ることを優先するので、「これを買えば、こういうことが可能」ということを散々宣伝します。まるで当然のことのように、いかに容易にその不安が解決できるかを示し、これを買えば「こんなにいいことがあるよ」と売り込みます。

しかし、そんな魔法の杖のようなものはありません。よく考えれば分かることですが、もし「こうすれば幸せになれますよ」ということが本当なら、人類はとっくの昔から幸せになっているはずです。

そのような、ないはずの魔法の杖を売っているのが消費社会なのです。こうすれば幸せになれる——そんなことをしたって、幸せにはなれるわけがないのに、いかにして安易に望むものが手に入るか、ということを競って売っているのです。

●精神的に成長するためには

人生の課題の一つにナルシシズムがあります。

人は誰もがナルシシズムを持って生まれてきます。生きていく過程で、そのナルシシズムを昇華し、克服して、我々は成長していくわけです。

人間が成長していくためには、その時期、その時期でどうしても解決しなければならない課題がありますが、このナルシシズムを解消することで精神的に成長していくのもその一つです。ところが、世の中には、この克服すべきナルシシズムを満足させるようなものがたくさんあります。「このバッグを持ったら、すてきですよ」というのは、まさにナルシシズムを満たしてくれる商品の一つです。

本来、人間は成長とその反対である退行の葛藤の中で、生きていくべき存在です。しかし、消費社会というのは、我慢や苦労なしで安易に欲求を満たしてしまう社会なのです。一時的には成長に伴う苦しい試練に直面せずに生きていける社会ではあるのですが、成長を避けていると、結局人生に行き詰まります。

ナルシシズムや退行を無理に乗り越えなくても、楽しく生きていける社会であれば、いいのではないか、という考えもあるでしょう。しかし、歳を重ねてある年齢に達し、自分の人生を振り返った時に、本当に心から触れ合える人というのは、自分が成長していなくては得られません。そういう人が誰もいなかったことに、人生の終盤で初めて気づくとしたら、これほど寂しいことはありません。

それにもかかわらず、消費社会は「そういう生き方が一番いいですよ」とすすめているのです。

人間が成長していく中での課題には、ナルシシズムや退行の克服だけではなく、もう一つ、親からの自立、つまり「オイディプス・コンプレックス」の克服があります。

これは、フロイトが「人類普遍の課題である」と述べたほどで、当然簡単に解決できるはずのないものです。

ところが消費社会では、そうした課題に対しても、「ここに行けば解決する」「この本を読めば解決する」という情報が売られています。真の成長が得られない解決法が、「これで解決できる」と言って売られているのです。

本来、人生の充足というのは、そのように簡単に解決できるものではありません。人生における不可避的な課題が、次から次へとたくさんあって、それらを解決しながら何とか成長することで、その結果、ようやく手に入るものです。成長と退行の葛藤の中で生きていくことには、ものすごい負担とリスクが伴うのです。

一方で、そうした負担とリスクを負わずに生きていくこともできますし、いまの社会はその方法も教えてくれます。ただしその場合、前にも述べたように、人生に必要な成長を遂げていないので、最終的には行き詰まることになります。

だからいま、誰もが不安に陥っているのです。

●現代人が不安を抱える理由

これまでの話をまとめます。

人類の長い歴史を考えると、最初は共同体が中心でしたが、だんだんと機能集団へと変わって、さらに現代は消費社会、競争社会になりました。

そうした消費社会、競争社会で誰もが簡単に生きられる方法が競い合うように売られています。また、誰もが競ってそれを買っています。

その場は楽かもしれません。言ってみればこれは、お酒を飲んで寝てしまえば、忘れていられるという消極的解決です。しかし、酔いがさめて目覚めた時の現実は何も変わっていません。

我々はいま、こうした消費社会に生きているのです。

だから、どうしても人間は不安になってしまうのです。

このように新型コロナウイルスの問題以前から、人間は精神科医のカレン・ホルナイが言うような「ベーシック・アングザイアティ（基本的不安）」の状態にありました。

人は他人に関心を持たれて、また自分も他人に関心を持ち、他人とのかかわり合いができることで心の支えが生まれます。

ところがいまは、拠りどころとなるものがない時代です。自分を頼りにできれば、自分のしていることにも納得できるのですが、いまは確かなものが何もありません。確かなものが何もないにもかかわらず、激しい怒りや不安の感情が湧いてくるという人もいるでしょう。

信じられるものがないことが一番の問題なのです。

自分も他人も信じられないから不安を覚える。しかし今は、何も心配せずに「そこにいていい」場所がない。だから、人々は安心できる居場所を求めているのです。

これは人間のもっとも強い欲求で、その欲求を満たす一番簡単な方法は新興宗教です。キリスト教や仏教、イスラム教という伝統的な宗教で安心を得るには、一定の努力や修行が必要でしょう。

しかし新興宗教では、その集団に入れば、「はい、あなたは幸せです」と言ってくれます。そういう安易な解決にしがみつくようになってしまったのです。

●人生の悲劇は「よい子」から

私は、おそらく読者のみなさんよりも歳を重ねていると思います。そして、自分が若かった頃を振り返り、その頃に本を書いていた時に何を考えていたのかといえば、結局、自分の不安をどう乗り越えたらいいかということに尽きると思います。

一九八五年に執筆した、『愛されなかった時どう生きるか』（ＰＨＰ研究所／現在、ＰＨＰ文庫）という本があります。愛されなかった時の不安についての本ですが、逆に人を愛しさえすれば、信じるものを得られます。

『愛されなかった時どう生きるか』の後に書いたのは、『人生の悲劇は「よい子」に始まる』（一九九〇年、フォー・ユー／現在、ＰＨＰ文庫）という本でした。服従と従順の関係の中にいれば、その場の人生は生きていくことができます。

しかし、どんどん自分というものを見失う一方で、周囲に対して隠された敵意を持ち、自分のパーソナリティーに矛盾を抱えて不安が増大してくるという内容です。

そこで『人生の悲劇は「よい子」に始まる』というタイトルにしたのですが、これも考えてみれば、人生の悲劇は「よい子」でなければいけない、という不安からくるということです。

●実年齢と精神年齢はまったく別

人間は非常に不公平です。

両親の仲が良い家庭に生まれれば、お母さんに母親固着を満たしてもらい、お父さんに励ましてもらえます。そうした環境で、人生の課題をそれぞれ乗り越えながら、自立して生きていくことができます。

しかし、生まれた家庭が、両親の仲が悪い場合もあります。いつもお父さんがお母さんに暴力を振るっていて、お母さんの泣き声を聞くのが嫌で、耳をふさいで押し入れに入っていた。それればかりか現在では、幼児虐待が増えています。

このように、とことん虐待される家庭に生まれる人もいれば、家族仲の良い家庭に生まれる人もいる。肉体的にも心理的にも不安を抱えた、孤独で虐待される環境に生まれる人もいれば、イギリスの精神科医ボールビーが言うような「無意識の安心感」を持って成長する人もいます。

ボールビーの言う「無意識の安心感」とは、意識しないで自分は安心感を持っている、ということです。つまり、保護と安心、安全を保障されていると無意識に感じている。ボールビーはこれを「Unconscious reassurance」という言葉で表現しています。

どんなことがあっても必ず助けてくれる人がいると信じている、自分は常に愛されて保護されている、という安心感のもとに生きていて、無意識の安心感を持てるというのは、本当に素晴らしいことです。

そんな、どんなことがあっても自分を助けてくれるという無意識の安心感を抱き、保護と安全という人間の根源的な欲求が満たされている人がいる一方で、そうではない人もいる。ところが社会は、こうした前提の違いがあるのにもかかわらず、全員を同じように取り扱います。無意識の安心感のある、なしにかかわらず、二十歳になったら、二十歳の人間として同様に扱うのです。

しかし、その二十歳の人の中には、心理的には二、三歳どころか、さらに未熟で、生まれたままのような精神年齢の人もいれば、人間として成熟しつつある人もいる。

さらに、心理的に幼い人のもとに生まれてくる子どももまた、肉体的にも心理的にも不安のまま生きていくことになるのです。

しかし、どのような環境のもとに生まれようとも、自分の運命を成就して、最後まで生きなければならない点は同じです。

●自分の人生はどういう人生なのか

その意味でも我々にとって大切なことは、人格の再形成です。

つまり、これまでとは別の視点で、自分の価値観を見つめ直すということです。

周囲の人が自分に求めてきた価値ではなく、自分が信じる自分の価値に価値観を再構成するのです。

前述したように、世の中には「無意識の安心感」を持つ人もいます。何かあったら、必ず自分を助けてくれる人がいると無意識に信じられる人がいる。その一方で、他人が怖い、何をされるか分からない、生きるのが怖いという人もいます。

あるいは「記憶に凍結された恐怖感」という言葉があります。これは、幼児期に自分はいつ殴り殺されるか分からないような環境の中で育った結果、抱くようになった恐怖感です。記憶に凍結されたこの恐怖感は十年、二十年、そんな期間では変わらないと考えられています。何もしなければ、死ぬまでこの恐怖感を持って生きていくことになります。

どのような家庭に生まれるかは、もちろん当人の責任ではありません。

しかし、そうした運命を抱えて生まれ、いつまでも「記憶に凍結された恐怖感」のような恐怖を抱えて生きていると、四十歳になっても五十歳になっても、七十歳になっても八十歳になってもその人は幸せになれません。

大切なのは、我々は自分がめぐり合わせた人生としっかりと向き合い、自分の人生を受け入れながらも、人格を再構成することによって、新しい人生を切り拓くことです。

「おやじがアルコール依存症で暴力を振るってどうしようもない」。そういう環境の中で生まれた人にとって、これは「記憶に凍結された恐怖感」です。これは長い間、強く残ります。しかし、何もせずにそのまま生きて、「はい、あなたの人生つらかったですね」ではあまりにも悲劇的ではないでしょうか。

そういう人生を全部、再構成していかなくてはいけません。またそのためには、自分の人生はどういう人生なのかを考えることが、極めて大切なのです。

●本当は助けを求めている

いまは、不安の時代であると述べました。もちろん、その不安は人によって違います。極めて深刻な不安を抱えている人もいれば、そうでない人もいます。

まず覚えておいてほしいのは、不安は助けを求める形で機能するという点です。

不安な人はさまざまな不安を口にします。しかし、悲観的な人が口にする不安というのは、楽観的な人から見ると、「なぜそんなに悲観的なことばかり口にするのだろう」と思うものもあります。

相手は不安を口にすることで助けを求めているのだ、ということが分かっていないと理解できません。それこそ「どうして、あんな不安ばかり言っているのだ」という話になってしまいます。

ですから、不安は、「助けを求めている」ことだと理解してください。

私はキリスト教の勉強はしていませんが、使徒のパウロは「前向きなこと、楽しいことを考えよう」と言っています。二千年以上前の紀元前の頃から、「前向きなことを考えよう」「楽しいことを考えよう」と言っています。しかし、人間は、千年たっても二千年たっても、それを実現できていないのですが……。

人は助けを求めています。自分は不安だという人も、自分は助けを求めているのだということを意識することが大切です。

●悩んでいる人の本音を整理すると

ここまでの話を整理すると、次のようになるでしょう。

- 悩んでいる人は、悩んでいない人から見ると、「なんで、いつまでもそんなにくよくよ悩んでいるんだよ」「悩んでいたってどうしようもないじゃないか」と言いたくなるようなことで悩んでいる。
- 悩んでいる人も、くよくよ悩んでいたって現実はどうしようもないということは分かっている。
- 分かっているのならやめればいいが、そうはいかず、やはり悩み続ける。

・なぜなら、悩んでいるということは「助けて！」と言っていることなのに、それが他人に理解してもらえないから。

赤ん坊は「お腹が空いた」「水を飲みたい」「怖い」時に泣いて助けを求めます。赤ん坊が泣いている時というのは、「助けて」と言っている時です。

これと同じで、不安を口にする人が、意識の領域でいろいろな悩みを話しているのは、その人が無意識で「助けて」と叫んでいるということなのです。これは社会的に示されたサインです。

悩んでいない人がこの事実を理解し、一方で不安を口にする本人も自分が「助けて」と言っているのだということをしっかり認識しないと、悩みというのはなかなか解決しません。

第二章
「現実的な不安」と「神経症的不安」

●神経症的不安の人は、常に不安に怯える

不安には、現実的な不安と神経症的不安の二種類があります。

この二つを混同してしまうと、それぞれの不安に対して有効な対処法を取ることができません。

例えば、新型コロナウイルスの問題というのは、現実的な不安です。コロナウイルスに感染したら困るので、これはリアルな不安といえるでしょう。

いまの給料で、多額のローンを組んでしまって大丈夫だろうか、というのも現実的な不安です。

もちろん、こうした現実的な不安も問題ですが、より深刻なのは、もう一つの神経症的な不安のほうです。こちらは現実には怖くないものを怖いと思って、怯《おび》えているような不安です。日常生活ではこれが非常に大きな問題になるわけです。

次のような実験があります。ライオンが襲ってきても、絶対に破れない硬いガラスの壁があるとします。片側に人がいて、ガラスで隔てた反対側にライオンがいる。そして、向こう

からライオンが走ってくる。

　絶対に破ることができないガラスで隔てられているので、理性ではライオンは自分に危害を加えられないということが分かっています。しかし、そのように分かっていたとしても、実際にライオンが飛びかかってくると、ほとんどの人が「うわっ」と逃げてしまうはずです。

　このように人間には、現実には怖くないと分かっていても、怖いという不安をどうすることもできない場合があります。


　私は、神経症的不安とは、自分が自分でない、というところから生まれてくる不安であると思っています。

　具体的な問題がなくても、常に不安に怯えている人がいる。いつも人が信じられず、恋愛しても恋人に振られてしまうのではないかなど、いつも何かに悩んでいる。

　神経症的不安を抱えている人は、常にそうした理屈に合わない不安を感じているのです。いつまでもくよくよ悩んでいても、どうしようもないことは本人もよく分かっています。しかし、分かってはいても、自分ではどうすることもできません。

つまり、現実にそれが恐怖かどうかではなくて、本人がそれを恐怖と感じるか感じないかが問題なのです。

●理解していないと対応を間違える

不安には、現実的な不安と神経症的不安の二つがあると述べましたが、この二つは、きちんと分けておかなければなりません。

現実的な不安をフロイトは「客観的不安」と呼び、ロロ・メイは、これを「正常な不安」と言っています。きちんと具体的に対処することで、解消しなければいけない不安です。こうした不安に対して、無理に勇敢なふりをするのは愚かなことです。

一方で、現実には怖くないものに怯える神経症的不安というのは、心の内面の問題です。現実には怖くないものを、怖いと思い込んでいるのですから、自分がどうしてそういう性格になってしまったのかを、まず考えなければなりません。

「こんなことで怯えていたら、みんなに弱虫と思われるのではないか?」「周りの人が自分のことを臆病《おくびょう》と思うのではないか?」。そんなふうに一人で勝手に思い込み、あえて勇敢に見える行動を無理にするのは、まさに神経症的不安を持つ人です。

繰り返しますが、現実的な不安と神経症的不安は別のものであり、二つの区別をしっかりとしておかないと、対応を間違えてしまうことになります。

世の中には、「死んでも不幸を手放しません」というような人がいます。多くの人は「まさか」と思うでしょうが、私は半世紀以上もの間、悩んでいる人と接してきて、そのような人がいると、つくづく感じているのです。

なぜこうなるのでしょうか？

それは人がもっとも恐れるのは不幸ではなく、不安だからです。

それは人がもっとも求めるのは幸せではなく、安心だからです。

不幸になるために費やされる努力やエネルギーは、実は不安から逃れるための努力やエネルギーにほかなりません。

人は誰でも幸せになりたいと願います。

しかし、幸せになりたいという願望よりもはるかに強いのが、不安から逃れたいという願望です。

不安な人は頑張って不幸になる場合があります。

お金で幸せになれないことは、誰でも知っています。

権力で幸せになれないことは、誰でも知っています。

名声で幸せになれないことは、誰でも知っています。

それでも人は、それらを求めるのです。

人が必要以上の大金を求めるのは、お金があれば安心できると思い込んでいるからで、それは不安から逃れるためです。このように安心への願望はすべてに優先します。


ギャンブル依存症の夫がいるとしましょう。その夫は働かないばかりか妻がパートで働いたお金まで巻き上げ、妻の親戚にまで借金をして、またギャンブルに行ってしまう。そして家に帰ってきたら、暴力ばかり振るいます。

こうなったら、もう別れればいいと誰でも思うでしょう。この状態で離婚を請求して、「いや、離婚は認めません」ということは裁判上あり得ません。

ところが、こうしたケースでも、ほとんどの女性が離婚しようとはしないのです。ギャンブル依存症の夫を持つ妻の調査をしてみると、日本でもアメリカでも、多くの人が「私が何とかしてあげなければ」と考えるといいます。

どういうことかといえば、実は「何とかしてあげたい」から別れないのではなく、本当は一人になるのが不安だから、別れないのです。これは「合理化」という心理です。不安から逃れるために別れないことを「何とかしてあげたい」ということにして、自身で納得しようとしているのです。

離婚した先の人生がどうなるか不安である。それよりは、いまの慣れた不幸のほうが生きやすい。こうなると、「死んでも不幸を手放しません」ということになってしまいます。

人間が一番怖いのは不幸ではなく、不安というのは、こういうことなのです。

●命がけで不幸にしがみつく

人が何よりも求めているものは安心です。安心は生きる土台です。

だから人は、不幸と不安と、どちらを避けるかというと、やはり不安を避けて不幸を選ぶのです。

我々はみんな「幸せになりたい」と思っていますし、そう口にもします。しかし、実際には幸せにはなれない場合も多いのです。

なぜかというと、不安か不幸かという二者択一で、ほとんどの人は不幸を選んでしまうからです。

「自分がもっとも恐れているのは不安」ということの事実を理解しておかないと、自分の不幸を正当化してしまいます。

例えば、離婚騒動の渦中にあって、自分を正当化し、あたかも自分が思いやりのある妻であるかのごとく「合理化」してしまう人がいます。そのように誤解してしまうのは、人がもっとも求めているのは幸せではなく、実は安心であるということを理解していないからです。

安心を求める願望はすべてに優先するという事実は、逆にいうと、不安を避けたいという願望はすべてに優先するということです。したがって、「死んでも不幸は手放しません」などと聞くと、「そんな愚かな人が世の中にいるものか」と思うかもしれませんが、冗談ではなく本当にそういう人はたくさんいます。

命がけで不幸にしがみつく人はいくらでもいるのです。

そして、それは周りから見ると、不幸にしがみついているように見えますが、心理的には安心したいという願望にしがみついている状態です。

このように、世の中には努力に努力を重ね、不幸な人生をわざわざ送ってしまう人が本当にいるということなのです。「悪いことばかりしているから、それはしょうがないね」ということであれば話は別ですが、そうではありません。本当に真面目《まじめ》に働いて、社会的に適応して、きちんと生活しているにもかかわらず、不幸になる人がいるのです。

そうした努力は、不幸になるための努力みたいなものともいえるのかもしれません。

●同じ依存症の男性と再婚する人

前述したように、ギャンブル依存症の男性の妻が、「私があの人を何とかしてあげなければ」などと言うのは、まさに「合理化」にほかなりません。本当に怖いのは夫と別れていまの生活が変わる不安なので、それを「立派な人＝自分」と「合理化」してしまうのです。

ですから、自分は何が一番不安であるのかをきちんと理解しておかないと、そうした「合理化」か、のちに詳しく説明するような「現実否認」をしてしまう。つまり、不幸な状態でも「私は不幸でない」と言い張ってしまう人もいるのです。

ギャンブル依存症の夫を持つ妻と似たような例ですが、以前、幸福について講演した時に、アルコール依存症の夫を持つ妻について話したことがあります。

アルコール依存症の夫と離婚した女性が口にするのは、「もうアルコール依存症の人は嫌だ」という言葉です。「お酒ばかり飲んで、すぐに暴力を振るう。どうしようもない」と言う。そして「もうアルコール依存症の男性とは一生かかわらない」とも言います。

ところが、アルコール依存症の夫と離婚した妻のその後を調査してみると、驚くことに半分の人が、同じ依存症の男性と再婚していました。

これは、意識の上では「アルコール依存症の人は嫌だ」と言っていますが、そんなことよりも、一人でいることの不安のほうがもっと怖いということです。もっといえば、不安というのはそのぐらい強いもので、不安を避けられるなら、自分の本当の感情はどうでもいいと心の底で思ってしまうくらい強力なのです。

繰り返しますが、不安というのは人間にとってそれほど強く、すさまじい感情なのだということを理解してください。それほどすさまじい感情が、その人の人生を長い期間にわたり、陰から支配し続けています。いまの時代は、その不安の感情が非常に大きくなってきています。だから、みんなが本当の感情を偽り始めているのです。

●本当の感情を無効化する

無意識にこそ、自分の本当の感情があります。

本当の感情とは自発的な感情です。「寂しいから、あの人を好きになる」というような感情ではありません。人を好きになるのは寂しいからではなくて、自発的に人を好きになり、また自発的に人を嫌いになるのです。

本来、人にはこの自発的な感情があります。ところが、この本当の感情に気がついていない場合があります。

本当の感情とは、自身が意識している自分の感情とは違います。我々は、「自分が意識している自分=本当の自分」と思っていますが、そんなことはありません。「自分が意識している自分」というのは、実は本当の感情を偽っている自分であるという場合が多いのです。

では、何が自分自身の本当の感情を無効にしているかというと、それはやはり不安なのです。不安の範囲は深く広いので、我々の本当の感情はどんどん無効化されてしまいます。そうやって我々は本当の感情ではない、偽りの感情で生き始めるのです。

さらに不安によって、自分自身の本当の感情、願望、考えが打ち消されていくと、思いやりや親しさといった類の感情が失われていきます。

そうして自分を失って生きることの問題は、「人は自分をどう思っているか？」を絶えず気にするようになることです。また、それによって人との関係が断たれます。誰ともつながっていないという感情は、人間にとって耐え難い恐怖です。


本当ではない感情で生き始めると、「人が自分をどう思っているか？」を気にするようになる点について、もっと考えていきましょう。

例えば、いい人を演じすぎて疲れる場合があります。「こんなことをやったら悪く思われないか」、あるいは「こんなことを主張したら『あいつは、出しゃばり』と思われるのではないか」ということが気になるのです。これは日常的な不安です。相手に悪い印象を持たれることが怖いのです。

このように「こんなことをやったら、出しゃばりと思われないか」という場合もあれば、本当はやってみたいことがあるにもかかわらず、「失敗して笑われるのではないか」と思ってできないという不安もあります。

失敗という体験そのものを恐れている人はほとんどいません。失敗した自分が、人からどう見られるかを考えた時に、人は失敗することに不安を抱くのです。

失敗するという体験自体ではなく、失敗した自分を人がどう思うかが、不安の原点といってもいいでしょう。

●「人を喜ばす症候群」は、深刻な劣等感から

会社では、こんなことをしたら上司に嫌われるのではないか、と思って無理をする場合があります。

過労死というのは、昔は世界で日本にしかありませんでした。ですから、欧米では過労死という言葉は「karoshi」という表記で使われているようです。

先日、フィリピンのメディアから、「どうしても過労死が理解できない」という趣旨で取材を受けました。彼らの質問の中に「死ぬまで働くくらいなら、辞めればいいではないか」というものがありました。

これも結局は、上司や同僚に嫌われるのではないかという不安が背景にあります。周囲の人からダメな人間と思われる、自分の価値を否定されるということは、人間にとってものすごく怖いことです。

不安な人は自我が確立されていません。「他者への逃避」といいますが、自我価値の獲得を他者に逃げてしまうのです。

自分で自分の自我が確認できるか、できないかという点は重要です。「他者への逃避」というのは、心に砦《とりで》がないことなので、自身のアイデンティティーを他者の承認に求めます。ですから、人から感謝されたり受け入れてもらったりすると安心したり、喜んだり、満足したりするのです。

深刻な劣等感を抱えているのが、「人を喜ばす症候群」の大きな心理的特徴です。

不安な人は、誰とも心がつながっていません。自己疎外されて、他者へと逃避します。「自分でない自分になる」「自発的感情の喪失」ということの結果として、「他人に嫌われたくない」「人に好印象を与えたい」という思いが、いわば現代のペストとしてはびこるようになるのです。

自分で自我を確立できない人は、自我の確認のために他人を喜ばすしか方法がありません。だから本当に思っていることを言わずに、相手に好かれようとして、楽しくもないのに「わあ、楽しい！」などと言うのです。

その一方で、心の中では「こんなことをしたら」、あるいは「こんなことを言ったら相手との関係は終わりになるのではないか」といつもびくびくと怯えています。たとえ相手が見捨てなくても、その人は見捨てられるという不安に怯えている。

その結果、こうした不安から自分を守るために必死になります。いい人と思われたいから謝るのですが、自分の感情を偽って謝るたびに憎しみが湧いてきてしまう。

自分の心が萎《な》えている時に、相づちを打ってしまう人がいるでしょう。つい「そうよねー」などと言ってしまいます。そうしているうちに相手に対して憎しみを持つようになってしまうのです。

生きるエネルギーがないと、こうなります。

●空気を読みすぎる人

「自分の価値が他人に頼れば頼るほど、自分を卑《いや》しめる機会が増える。」(Nathan Leites, *Depression and Masochism*, W.W.Norton & Company, Inc. 1979, p.95)

アイデンティティーが未確立であり、劣等感が深刻であるのが、「人を喜ばす症候群」の心理的特徴です。

不安を感じている人は、「自分の生き方は、いまどこかおかしい」というメッセージを受け取っています。ところが、送られてきたメッセージに気づこうとしない人が多いのです。

リンカーンは「万人に気に入られようとすれば自分の力が弱まることを知っていた。」と言います(『ベストを引き出す――人を育てる12のポイント』アラン・L・マクギニス〈著〉、加藤諦三〈訳〉、日本実業出版社、220頁)。

そして、慢性的なうつ病に苦しんだアメリカ大統領リンカーンはこうも言いました。

「ほとんどの人は自分が幸せになろうと決心するだけ幸せになれる。」（Alan Loy McGinnis, *The Power of Optimism*, Harper & Row Publishers, 1990, p.57）。

自分の価値を信じられれば、別に人に気に入られなくたって構いません。不安な人は、相手に気に入られようと自己主張を避けます。自己主張がないわけではありません。自分の欲求を犠牲にしているのです。

「古くから、奴隷、罪人、社会的追放者は、受動的な黙従にみせかけて、背後に自分の本当の感情をかくして彼らは自分の恨みを非常にうまくかくしてきたので、表面的には、自分たちの運命にまったく満足しているように見える。満足の仮面は彼らの生きていく手段なのである。」（『偏見の心理　上巻』Ｇ・Ｗ・オルポート〈著〉、原谷達夫・野村昭〈共訳〉、培風館、127頁）

自己主張を避ける人は、生き延びるためにひたすら相手に迎合して、相手の言いなりになります。日本には社会的奴隷はいませんが、いまなお心理的奴隷はたくさんいます。

●自分の価値を自分で信じられない

「馬恐怖症《フォビア》」という有名な話があります。

なぜか馬を怖がる子どもがいる。変だなと思ってその理由を調べてみると、実は父親への恐れがありました。子どもがお父さんを怖がっていては、お父さんは自分のことを良く思ってくれないでしょう。

父親への恐怖に怯えて、その葛藤が馬恐怖症に置き換えられていたのです。

この、父親に良く思ってもらいたいという心理がとても重要です。もしこの少年が「僕、お父さん嫌い」と思っていたとしたら、どうなるでしょう。「お父さん嫌い」。これは子どもの父親が望む感情ではありません。だから、子どもは父親が怖いという感情を自分の意識から無意識に追放して、何か他のもの（馬）を見つけてきて対象を置き換えるのです。

こうした恐怖の置き換えは、特に小さな子どもに多く見られます。子育てをされている方は思い当たることがあるのではないでしょうか。子どもが、奇妙なものをとても怖がるというのは、本当は他の誰かが怖いのです。その人から悪く思われることが、自分の存在に危険をもたらすので、不安になるのです。

恋人と一緒にいても、いつも不安だという人がいます。恋人に良く思ってもらおうとして何かをしたとする。今度はその何かしたことで恋人に良く思ってもらえたかどうかと考えて、不安になるのです。

こうしたケースは先ほど例にあげた、過労死するまで働くような不安ではなく日常的な不安なのですが、自分の価値を自分で信じられない人が持つ不安という点では同じです。

自分が自分ではない生き方をしているからです。自我の確認を自分でできない――先に「他者への逃避」と言ったのはそのことです。

●断って嫌われるのが怖い

人に良く思ってもらうことによって、安心感を得ようとすると、こんなことを話題にしたら、人間性が疑われるのではないか、ということが気になってきます。

また、他人に良く思ってもらうことばかり考えていると、結果的に他人が嫌いになります。他人にぺこぺこしてばかりいるような人は、自分に対して心を閉ざしているわけで、相手に対しても心を開いていないのです。言い換えると、やはり自我の確認というのは自分自身でしなければいけないということです。

何かを頼まれ、自分の能力をオーバーしたことまで引き受ける。できなかったらどうしようと不安になり、そのまま頑張るのですが、あらゆることが不安になり、どんどんつらくなっていきます。

人の評価を得ようと一生懸命努力しながらも、そのために、ますます人を嫌いになるという人がたくさんいるのです。

要するに、人間関係をめぐる挫折やコミュニケーションのトラブルは、自分が自分であるということを信じられないことから生じます。それこそが不安の正体です。

さらに不安の症状というものを考えてみたいと思います。なぜ、それほどまでに不安になるのかを、もう少し考えてみましょう。

一生懸命努力して、頑張って幸せになれればいいのですが、前にも述べたように、現実の世の中にはそのせいで不幸になっている人がいるのです。なぜ一生懸命頑張って、自分から不幸になるようなことをするのでしょうか。

些細なことで悩む、というのは、不安を感じていない人からすると「どうしてあんなことで悩んでしまうのだろう?」と不思議に思えます。「断ればいいではないか」と思うのです。ところが、本人は断れません。自分の能力以上のものを引き受けてしまいます。

なぜなら、断って嫌われるのが怖いからです。そして無理をして、背伸びをするような努力をします。自分の能力を超えて引き受けてしまう人は、断ることで、自分の価値が否定され、自分の価値を認めてもらえなくなるのが怖いので断れないのです。

これが先に述べたような「他者への逃避」です。ロロ・メイや、さまざまな人が言っている「成功者のうつ病」です。

「笑顔のうつ病者」とも言いますが、うつ病になる人は頑張って努力して、最後はみんなから「おかしいんじゃないの?」と言われます。そういうふうに思われるのも、その人が、いかに他者からの評価によって、自分自身を維持しているかの証です。

自分の自我の確認ができる人、他者への逃避をしない人は当たり前ですが、こうしたことでは悩みません。「なぜそんなことで悩むのだ?」と不思議に思います。

人からの頼みを断ることで嫌われたとしても、「あいつに嫌われてどこが困るの？」と考えることができるからです。それは、その人の自我が確立されているから、他人に嫌われる、低く評価されることがその人にとって不安ではないからです。

ところが、自我の確認を他者に頼っている人は、低く評価されることを怖がります。先ほどから述べているように、この不安は非常に強烈な感情のため、無理してでも頼まれた用件を引き受けてしまいます。

ですから、些細なことで悩んでいる人に、「なんで、そんなつまらないことで悩んでいるのか？」「そんな悩みは無意味だ」と、いくら理屈で説明しても、当の本人は自分の価値を自身で確認できないわけですから、抱えている不安は消えません。

●一人では生きられない人とは

この不安は極めて強烈な感情です。同様に、不安が及ぶ範囲と深刻さも、とてつもなく強烈です。

ですから、不安を抱えた人とそうでない人というのは、なかなかコミュニケーションが取れません。先ほどから述べているように、不安でない人から見ると、「なぜあんなことをするの？」と、相手が理解できないからです。

過労死のニュースが報じられた時、世の中の意見は必ず二つに分かれます。一方はすでに述べたように、「会社を辞めればいいのでは。会社は一つしかないわけではないし……」。もう一方は「その会社はけしからん」となります。

女性の多くは、ギャンブル依存症の夫やアルコール依存症の男性、あるいはワーカホリックの男性と別れられません。なぜか？　一人で新しい生活を始めることが不安だからです。

このように、不安か、そうでないかということは、我々の生き方、言動に大きく影響しています。先ほど「成功者のうつ病」「笑顔のうつ病者」と述べましたが、考えてみると矛盾を含んだ不思議な表現です。

●尽くすことで相手を縛る

テレンバッハというドイツの精神医学者が「メランコリー親和型」について説明しています。「メランコリー」というのは「憂鬱《ゆううつ》」です。

テレンバッハの説明によると、このメランコリー親和型の人たちも一人では生きられません。とにかく相手に尽くします。

世の中には質《たち》の良くない人がたくさんいます。例えば、ギャンブル依存症の男性にとって、メランコリー親和型の女性は恰好《かっこう》の標的です。自分に都合のいい女性だから、「好きだ」と口にするのですが、彼らを好きになる女性には、それが分かりません。

そして、結婚してしまうと、結局、心療内科に行くようになるのは、男性ではなくて女性のほうなのです。

不安な人の本当の感情は、無効化されると述べましたが、自分で自分が分からないので、相手のことも分かりません。なぜなら、不安な人は相手のことも見ていないからです。

ところが、反対にギャンブル依存症の男性は、「この女性が恰好の標的だ」とすぐに分かります。「俺の言うことなら何でも聞く」と感づくのです。そうやって察知し、「待っていました」とばかりに狙いを定めます。

「ずるさは弱さに敏感である」と覚えておいてください。

悪賢い男性は、自発的な感情で恋愛をして結婚するわけではありません。

一方、メランコリー親和型の人は相手に尽くして喜ばそうとしますが、そうするのは一人で生きていけないからです。一人で生きられないから相手に尽くすのであって、自発的感情に従って、相手が好きだから尽くしているわけではありません。

しかも、メランコリー親和型の人にとって、相手に尽くすということは意識レベルの話です。実は心の底では尽くすことを通して、逆に相手を縛ろうとしています。自分一人では生きていけず、不安で仕方がないため、尽くすことで無意識に相手を縛ろうとしているのです。

第三者は、「運が悪かったね。あんな男と別れなさいよ」と気軽に口にしますが、人間の心はそれほど簡単ではありません。そうした複雑な人間の心をよく理解しておかないと、どうしても人間関係を間違えるという結果になります。

メランコリー親和型の人は相手を喜ばそうとしますが、相手のことを考えてそうしているわけではなく、不安だから相手にしがみつこうとしていて、そのための手段が相手に尽くすことなのです。

無意識の領域において相手にしがみついていることをテレンバッハは、「自己中心的な対人配慮」と述べています（『メランコリー』H・テレンバッハ〈著〉、木村敏〈訳〉、みすず書房、

157頁)。

相手を喜ばそうとはしますが、それは相手のことを本心から考えているわけではなく、したがって、相手が自分に何を期待しているのかについて理解しているわけではありません。

●不安のせいで感情的になりやすい

不安な人には、相手の何気ない行動で動揺すると、冷静さを失って感情的になる傾向があります。だから、些細なことでトラブルになるのです。

些細なきっかけ自体が問題なのではなくて、心理的基盤が問題の原因です。つまり、不安のせいで心が混乱していることに問題があります。

「どうしてあの人は、あんなことであれほど激しく怒ったり、泣いたり、騒いだりするのだろう?」。この場合、トラブルのきっかけ自体が問題なのではなく、自分で自分の心を支えられなくなっている当人の不安が問題なのです。

大物といわれる人は動じないと思われていますが、実はみな心は揺れ動いています。ただ、大物の人には心の中に信じる基準があるのです。一方、不安な人は信じるものがありません。だから、どうしても冷静さを失ってしまい、感情に走りがちになるのです。

人間にとってもっとも恐ろしいのは不安です。

ですから、先述したように不安と不幸との選択では、人間は不幸を選びます。

これは、いまの自分の立場を守ろうとするからです。いまの自分への執着は底なし沼です。不安をなくしたければ、難しいことですが、地位や物に執着しないことが大切です。

悔しい、恨んでいる、許せない……、そうした思いを捨てるのが前に進むことであり、前に進むことが人生です。しかし、分かっていても、気がついたら「あいつは許せない」と、そのことばかり考えています。

些細なことに悩んでいる人に、「なぜそんなことで悩んでいるのだ」と聞いても、悩みが消えないのはそのせいです。悩みの原因は、些細なきっかけそのものではなく、不安で消耗した心にあるのです。

●些細なことでパートナーを攻撃

不安な人は自分が不安である事実をしっかり理解し、前に述べた人格の再構成をしなければなりません。不安な時こそ、周囲の人が自分に求める価値ではなく、自分が信じる自分の価値に価値観を再構成しなければならない。

こうした人格の再構成をしなければ、どんなに努力しても自我価値の崩壊は免《まぬか》れられません。それどころか、必死になればなるほどトラブルが起きて孤立し、消耗してしまいます。

不安な人は、とにかく努力して自ら消耗しています。不安で消耗し疲れ果てて、人生に喜びが感じられなくなってしまうのです。

小さい子どもが毎日楽しそうなのは、子どもがたくさんのエネルギーを持っているからです。残念ながら、メランコリー親和型の人や不安を抱えた人は、そのようなエネルギーを持っていません。

重大な問題ではなく、些細なことで怒るような場合は、パーソナリティーの問題は深刻であるといえます。

例えば、夫婦がどちらの家を買おうかということで言い争っているとしましょう。住宅の購入は、金額も大きく人生における大問題です。ですから、そのことでさまざまな議論をするのは、何の不思議もありません。

一方で、どうでもいいことで大げんかになっているとしたら、むしろ、そちらのほうが問題です。どうでもいい問題をきっかけに、二人の心の葛藤が表面に表われてきているからです。

私が担当しているラジオ番組「テレフォン人生相談」の中でよく出てくるのですが、夫が自分の返事の仕方一つで、ものすごく怒るという悩みがあります。しかも、いったん怒るとなかなかしずまりません。

こっちの家を買うか、あっちの家を買うかという大問題で真剣に言い争うのと、返事の仕方一つで怒りが収まらないというのでは、問題が根深いのは後者です。ちょっとしたことでものすごく怒り出して、しかもしずまらないというのは、怒られているほうからすると、なぜそこまで激怒するのか、まったく分からないでしょう。

実は、これは攻撃性の置き換えです。本当の攻撃対象や憎んでいる対象、怒りの向けられる先は、どこか他にあります。

ところがその怒りを意識するのが怖いので、それを自分の意識から追放しています。そして攻撃性の置き換えをするのです。

人間は不安を避けたいので、この攻撃性の置き換えを、いつもしています。

「この人との関係が悪くなったらまずい」と不安になったら、その人への怒りは全部抑えます。しかし、怒りは意識から消えただけであって、その人から消えてなくなったわけではないので、その攻撃性が別の対象に置き換えられるわけです。

そして、その攻撃性は自分にとって安全な対象に向けられます。「この人なら攻撃しても、自分は不安にならない」という相手に攻撃を向けていくのです。

よく「あの人は外面《そとづら》がいい」などという話が出ますが、不安な人には、まさにこの傾向があります。家の外に攻撃性を向けるのはまずいので、絶対に別れないだろうと安心しきっている自分のパートナーに、その攻撃性を向けるのです。

返事の仕方一つで夫が怒り出すというのは、本来自分が不安を感じる相手には攻撃性を向けられないため、夫の心の底には不安、そして敵意と攻撃性が大量に堆積《たいせき》しています。

返事の仕方一つで怒り出して、夜中の二時、三時まで怒っているというのは、まさにいままで溜まりに溜まった怒りが、安全なところに向かって全部出ているのです。

攻撃性を心の中に溜めてしまうのは、不安を避けるためです。不安というのは恐ろしいものですから、不安を避けたい時、不安を感じる時には攻撃性はすべて無意識のほうにやってしまいます。

さらに言うなら、夫には妻との結びつきに自信がありません。夫は心の中で安定した関係を妻との間に築けていません。そもそも、妻ともし安定した関係が築けていれば、家の外での人との関係も不安は少なくなります。

つまり、どこにも安定した関係がないから、返事の仕方一つでも夫は妻との関係が不安になり、イライラするのです。帰宅した時の出迎えの仕方一つでも、イライラして、敵意を込めて妻を攻撃するのです。

夫が欲しいのは、自分が他者と結びついているという確信です。出迎えの態度一つ、返事の仕方一つで怒るのは、自分が誰とも結びつけていない証拠です。

夫は不安なので、安心したいのです。夫は妻からいま以上に関心を向けてほしくて、甘えているだけなのです。

もし妻が離婚を決意したと感じたら、夫の態度はガラリと変わるでしょう。妻に怒りをぶつけることは安全でなくなるからです。

●すぐに傷ついて怒る人

「臨床的にしばしば観察される現象であるが、反抗的な意味で独立的で孤立した人間は、他の人々と確認された関係を結びたいという欲求と願望を抑圧している。」（前掲書『不安の人間学』174頁）

すぐに些細なことで怒る人は、誰とも心の触れ合いができません。その結果、いったん怒ると、いつまでたっても怒りがしずまりません。

ラジオ番組「テレフォン人生相談」の相談者に「そんなこと、二人で話し合えばすむのではありませんか？」と言うと、「すぐに怒るから、夫とは話ができません」と返してくる人がいます。すぐに怒る人というのは、本当は相手と結びつきたいと思っている。本当は、「助けて！」と言っているのです。返事の仕方一つで怒る夫というのは、実は怒りながら、その怒りを向けている相手との結びつきを求めています。

何かあるとすぐに傷ついて怒る人も、不安に悩まされています。不安と劣等感と敵意が深く結びついて、その人のパーソナリティーを形成しているのです。こういうパーソナリティーの持ち主も、やはり大変深刻な矛盾を抱え込んでいるために話ができません。

不安と劣等感と敵意が結びついてパーソナリティーができている人は、行動すれば解決できることでも行動しません。

その結果、不安になって顔がやつれるほど消耗する。あるいは、とにかく敵意ある攻撃性を示すようになります。他の人が、「どうして、こんな些細なことで、そこまで怒るのか」と思うほどの敵意を示します。

それはその人の心理的土壌が不安だからです。そのため、何でもないことでもすぐに怒ってしまう。

「攻撃的不安」には、「悩んでいる」「心配している」という心理が隠されている。繰り返しますが、無意識の心の底では、「助けてくれ!」と叫んでいます。

自分の心に気づいていない人は(それに気づいていて、嘆《なげ》いている人もいますが)、本人も気づかないうちに、日常生活で相手を攻撃することで復讐しているのです。

心の病は人間関係を通して表われる。
悩んで、嘆いている人は、心が触れ合う友人がいない。
心の支えがない。
不幸になるだけの努力がある。
それをやめれば幸せになれる。
しかし、人は不幸になるだけでしかない努力をやめられない。
それは不幸依存症である。
頑張って、不幸になるだけの努力をやめようとしてもやめられない。
それはアルコール依存症の人が、アルコールをやめられないのと同じである。
不幸になるだけの努力をやめる。
その勇気を持てば幸せになれる。
「本来の自分」と向き合う〝危険〟を避けることをやめる。
その勇気を持てば幸せになれる。

さて、ここまでの話で、不安というものがいかに恐ろしいかを理解していただけたでしょうか。

我々は幸せになりたいと言います。おそらく誰もが、不幸になるよりは幸せになりたいはずです。しかし、この幸せになりたいという気持ちよりも、不安を避けたいという気持ちははるかに強力です。

不安を避けるためであれば、不幸などなんてことありません。「死んでも不幸を手放しません」というのは、そういうことなのです。

そういう人が、世の中にはたくさんいます。死んでも不幸を手放しませんという人は、いずれも不安な人たちなのです。

ですから不安を消すためには、第一に自分が不安かどうかを考え、次に自分に関係する人たちが不安かどうかに思いをめぐらせてみてください。

その上で不安に陥った場合は、なぜ不安なのかということをしっかり理解することが大切です。そして、人格の再構成をするのです。

第三章

不安よりも不幸がいい

●いじめがなくならない決定的理由

ここまで、不安をそんなに簡単にしずめることができる方法なんてないと述べてきました。

しかし一方で、不安をはじめとした人生で直面するさまざまな悩みに対して、「簡単な生き方がある」ことを競って教えているような、そういう社会に私たちは生きている、ということも言いました。

少し話はそれますが、私たちの生きている社会には、容易に解決できない問題がありま す。例えば、いじめもそうした問題の一つで、なかなかなくなりません。不登校の問題もなくなりませんし、幼児虐待も尽きません。ドメスティック・バイオレンスもパワーハラスメントも、みんな簡単にはなくなりません。心の病は、ずっと存在しています。これらは何十年、何百年たってもなくならないでしょう。

では、なぜ同じことを繰り返しているのでしょうか。

それは、これまでお話しした不安の心理がいかに恐ろしいものであるかが、私たちに理解できないからです。実はこれを理解しない限り、どんな教育をしてもみんな失敗します。「いじめは良くない」ことは、ずっと教えられていました。しかし、それでいじめがなくなったかというと、いまもいじめは続いています。

なぜなくならないのでしょうか。

「いじめは良くない」ことは、もちろんみんな知っています。

仮に、「いじめは良くない」ことを半数の人が知らないというのなら、「いじめは良くない」という教育にも効果があるでしょう。しかし、いじめている本人たちだって「いじめは良くない」ということくらい知っています。

だから、先生に隠れていじめているのです。そして、いじめた当事者たちに聞いてみると、「先生に見つかるようないじめ」はやっていない、というようなことを言います。

「いじめは悪い」ということを、みんなが知っているにもかかわらず、それでもいじめはなくならないのです。

少し回りくどい説明になりましたが、ここで何を述べたいかというと、「なぜなくならないのか？」という原因を考えずに、ただ「悪い、悪い」と言っているだけでは、何の解決にもならないということです。

そして私たちがすべきは、「なぜ困難を克服する能力がつかないのか?」を考えることなのです。

●不幸になる選択を助けるのが消費・競争社会

前にも述べたように、いま私たちは消費社会の罠に陥っています。まずは、そのことをしっかり理解しておかないと、社会にあるどんな問題も解決しません。

消費社会は、あるはずのない安易な解決を教える。

こうすればナルシシズムを満足させられると教える。

その結果、人を神経症に追い込む。

あるはずのない成長せずに生きていける社会を「ある」と教える。

人間が生きる上であるはずのない「魔法の杖」があると訴えて、競って物を売る消費社会、競争社会でいまの人は生きている。

その幻想の魔法の杖を求めて、人は必死で不幸を選ぶ。

最後に人生が行き詰まる。

「不幸な人の中には、不幸であり続けようとする執念でもあるかのように、自分を不幸にする考えかた、生きかた、感じかたにしがみついている人が多い。」（『ブライアント・アニマル』ジョージ・ウェインバーグ〈著〉、加藤諦三〈訳〉、三笠書房、２３８頁）

「幸せになりたいですか？」と聞くと、誰もが「幸せになりたい」と言います。しかし、なかなか幸せにはなれません。私たちは反対に死にものぐるいで不幸にしがみつきます。なぜかというと、「幸せになりたい」よりも「不安を避けたい」気持ちのほうが強いからです。だから、結果として「不幸になる道」を選択します。

そして、それを助けるのが消費社会、競争社会なのです。

第二章で、アルコール依存症の夫を持つ女性について話をしました。

幸いにしてアルコール依存症の夫と離婚できたとしましょう。本来は、そこで幸せになれますし、幸せになればいいわけです。ところが、アルコール依存症の夫と離婚した女性を調べてみると、再婚した相手の多くが、またアルコール依存症の男性だったと述べました。

意識の上では、その女性はもうアルコール依存症の男性とだけは一切かかわりたくない、と思っています。暴力は振るうわ、他に女性はいるわで、自分が一生懸命パートで働いたお金を取り上げて、愛人に貢いでしまう。もし本当に「もう嫌だ」と言うのなら、もうアルコール依存症の男性とは再婚などしなければいいのです。

それなのに、ほとんどの人はアルコール依存症の人と離婚もしないし、離婚した女性も、またアルコール依存症の男性と結婚するのです。

どういうことかというと、意識の上ではアルコール依存症の男性とは一生かかわりたくないと、確かに考えています。本当にそのように思っています。ところが無意識では、その女性が求めているのは、そういう男性なのです。

この意識と無意識との乖離《かいり》が、不安な人たちが持つパーソナリティーの特徴です。

我々自身は意識してはいませんが、実際に我々を動かしているのは、意識ではなくて無意識のほうなのです。だから、アルコール依存症の男性と再び一緒に暮らすようになるのです。

●不幸を選んで人を恨む

アルコール依存症の夫と暮らす不満と、別れて一人になる不安のどちらかを選ぶとしたら、多くの女性は不満のほうを選ぶという話をしました。

右に行くと幸福、左に行くと不安、あるいは劣等感が癒《いや》されるという分かれ道で、多くの人が左に向かってしまいます。こうして人は自ら幸福を捨てるのです。

なぜ人は毎日悩むのか？

なぜ人は毎日「死にたい」と言うのか？

それは、不満の感情よりも、不安の感情のほうが、はるかに強いからです。

だから「死んでも不幸を手放しません」という生き方にならざるを得ないのです。

それは不安よりも不幸のほうが心理的には楽だからです。

不幸になるだけの努力がある。

それをやめれば幸せになれる。

頑張って不幸になるだけの努力をやめようとしてもやめられない。

それはアルコール依存症の人がアルコールをやめられないのと同じです。

人はみな幸せになりたいと願っています。その気持ちに嘘偽りはありません。しかし幸せになりたいという願望よりも、不幸になる魅力ははるかに強烈です。

人に意地悪をしていては幸せになれない、と誰もが分かっています。人の幸せのために働くことの気分の良さが、自分の幸せになると分かっています。

しかし、仲間はずれになるのが怖くて、人をいじめる輪に加わってしまう。

また不幸な人は、人の幸せを願う気持ちよりも嫉妬の気持ちのほうが強い。

そういう人は、だから意地悪していては幸せになれないと分かっていても、そうしてしまう。不幸になる道を自分で選んでしまうのです。

そして実際に不幸になりながら、さらにそこでまた人を恨む。そうやって、自分で不幸にしがみつき、その一方で「私は幸せになりたい」と嘆いています。

自分の無意識にある憎しみに気がつくことが幸せになる出発点です。それを認めなければ、死ぬまで不幸です。死ぬまで不幸になるだけの努力を続けることになります。

●不安な人は結局、誰とも心が結びついていない

不安の原因の一つは、隠された怒りや敵意です。これは、その人が無意識の中に抱いているもので、意識されたものではありません。

自分は一人、敵意に満ちた世界で無力なまま放り出されていると感じている。

要するに、人を信じられないということです。

こうした周囲の世界に対する無意識の怒りや敵意が不安の原因ですから、本人はその原因を理解していません。

例えば、「妻の返事の仕方一つで怒り出す」「出迎えの仕方一つで怒ってしまう」「子どもが、『お父さんお帰りなさい』と言って、玄関で喜んで迎えないと、テーブルをひっくり返して家の中で荒れる」「不機嫌そうに黙り込んでしまう」……。

そういう夫の無意識にあるのは怒りと敵意であり、さらにその奥にあるのは、人との結びつきを求める心理です。

前にも述べたように、他人と心がしっかりと結びついている、という安心感があれば、そ

んなことで怒ったりはしません。

表に表われるのは、「すぐに怒鳴る」「テーブルをひっくり返す」ですが、その心の底の無意識の部分では、家族との安定した関係を望んでいるのです。経済的結びつきではなく、血のつながりでもなく、本当に心の触れ合い……安定した関係、自分と他者の心が結びついているという確信と安心感です。

それなのに、人を信じられず、不安だから、おかしな反応をしてしまう——表にあらわれた現象としての反応は攻撃的ですが、望んでいるのは「他者と結びつきたい」という人間的な願望なのです。夫は心の底の、さらにそのまた底では安心したいと思っています。不安だからこそ、これだけ怒ってしまうのです。

では、なぜ不安かというと、この場合でいえば、他者、妻と心から結びついていないからです。

●無意識の意識化

ロロ・メイのこんな言葉があります。

「臨床的にしばしば観察される現象であるが、反抗的な意味で独立的で、孤立した人間は、他の人々と確認された関係を結びたいという欲求と願望」（前掲書『不安の人間学』174頁）

重要なのはこの後に続く言葉で、その欲求と願望を「抑圧している」といいます。

つまり、当の本人は、他の人々と確認された関係を結びたいという欲求が、自分の無意識に存在することを意識できていないでいるということです。

ですから、不安の解決というのは、一つはこの「無意識の意識化」です。

「自分は、本当は心と心がしっかり触れ合った、確かな関係が欲しいのだ」と気がつく。

「自分はいままでそれを持っていなかったのだ」と気づく。

メイが言う「反抗的な意味で独立している」というのは、「俺は誰の世話にもならない、一人でいるのだ」というようなことです。これは、自立でも独立でも何でもありません。

本当の独立、自立というのは、あくまで人とのかかわり合いの中において、独立、自立しているということです。

何かあるとすぐに傷ついて怒る人、もっと言えば傷つきやすい人というのは、不安に悩まされています。それらの人は自分では意識していないところに問題を抱えています。

こういう人たちが独立、自立しようとして頑張って座禅を組む、水をかぶるという修行を繰り返し、心が傷つかないように鍛えても強くなろうとしても、それは無理なのです。自分の不安の実態を理解して、その原因を取り除く努力をしない限り変われません。

●無意識の敵意

アドラーは「攻撃的不安」という言葉を使っていますが、まさにその通りです。不安というのは、外に助けを求めるシグナルとして機能します。

いまの時代は、さまざまに無意味な情報があふれていて、人々は時代に置いてきぼりにされているかのような不安にも悩まされている。悩んでいる大人は、子どもと同じように、助けを求める一方で、それと同時に攻撃性を表わしています。

「ある型の不安が攻撃感情の土台をなしていることはしばしば発見されることである。」（前掲書『不安の人間学』57頁）

言い換えると、怒っている人は多くの場合、不安に悩まされているということです。何かあると、すぐに傷ついて怒る人たちも不安なのです。

不安と劣等感と敵意は深く結びついて、そのパーソナリティーを形成している。つまり、不安のさまざまな症状がその人のパーソナリティーとして表現されます。

なぜ、妻の出迎え方一つで、そんなに怒ってしまうのか。それは、結局その人が、こういうパーソナリティー、つまり劣等感が強く、無意識に隠された敵意を持っているからということです。

こういう人はおそらく、自分の心の底にある隠された敵意に気がつくだけで、世界が驚くほど違って見えます。

ものの感じ方、認識の仕方が一変し、そして周囲の世界は、その人にとって、これまでのような敵意に満ちたものではなく、まったく別の世界になります。

自分には隠された意識があるから、こんなふうにさまざまなことを感じるのだ、と気づくと、世界に対する感じ方が変わってくるのです。

●行動しないで嘆き続ける

このように認識の仕方が変わって、行動すると、さまざまなことを解決できる一歩となるのですが、これまで述べてきたような不安を抱えている人たちというのは、まず行動しません。いつも嘆いているだけです。

その結果、不安で顔がやつれてきます。それればかりか敵意を隠さずに、他人に対して攻撃的になる人もいます。

口を開けば、人の悪口を言う人がいますが、それもやはり不安だからです。その不安から解放されたいがために、批判的なことを常に口にするのです。

ですから、不安ではない人から見ると、「この人は、なぜこんなことで人の悪口を言ったり、人を批判したりするのだろう?」と思うはずです。

何か少しでも行動すれば解決するのに、行動しないで嘆き続ける――それは不安な人は誰もが、自分の無意識に動かされているからです。無意識の退行欲求に動かされ、嘆いていることが快感で心地よいのです。

退行欲求とは、子どもが母親にあやしてほしいと思うような自己中心的な心理です。

人間というのは、この退行欲求とそこから抜け出そうとする成長欲求の葛藤の中にあります。

マズローは「成長欲求に従うことは、リスクと負担が伴う」と述べていますが、普通の人は、その成長欲求と退行欲求の葛藤の中で、それでも成長欲求に基づいて何とか生きていくので、人生を最後まで生き抜いていけるのです。

一方、嘆いているだけの人もいます。なぜかというと、嘆くことで、本人の退行欲求が満たされるからです。また、満たされているので、嘆くことがやめられません。

そして本人も気がついていませんが、実は嘆くことによって周りの人を攻撃しているのです。

●嘆いている人にアドバイスは厳禁

よかれと思って、嘆いている人に、「こうしたら解決しますよ」と、具体的な解決方法を示すと、ものすごく不愉快な顔をされることがあります。

なぜ不愉快な顔をするかというと、それはすでに申し上げたように、悩んでいること、嘆いているということが、無意識の退行欲求を満たしているからです。

カレン・ホルナイは「悩んでいる人の最大の救いは、悩みである」と述べています。これは、自分の退行欲求を満たしているという意味で、悩んでいることは本人にとって最大の救いだということです。

「うつ病ほど、他人の理解を必要とする病気はない」と言われます。

一方で、「うつ病ほど他人が理解するのが難しい病気はない」とも言われます。

だから、うつ病は、なかなか治りません。

うつ病の人が「死にたい」と言うのは、それによって退行欲求が満たされるからで、悩むことが最大の救いだからです。

うつ病の人は何かちょっとしたことで、すぐに落ち込んでしまいます。心理的に健康な人が、「なんでそんなことで落ち込むのだろう。そんなことで落ち込まれたら、自分なんて朝から晩まで落ち込んでいなくてはいけない」と思うようなことでも落ち込むのです。

心理的に健康な人がそう思うことは当然なのですが、うつ病の人は落ち込むことで自分の退行欲求を満たし、さらに周りの人を批難しています。

●「こんなに苦しい」は隠された批難

ここが大切なポイントです。このポイントが理解できないから、うつ病は、理解が難しいと言われます。うつ病ほど理解を必要とされる病気はないにもかかわらず、うつ病ほど理解されない病気はないというのは、これが所以《ゆえん》です。

つまり「私はこんなに苦しいのだ」と言うのは、批難を表現する手段なのです。「私は、こんなに苦しい」と言って、人を批難しているのです。もちろん、これは無意識です。無意識で人を批難しています。

なぜ批難が苦しみの表現に姿を変えるのかといえば、こうした人は面と向かって人を批難できないからです。だから、あくまで隠された批難として、苦しみという形で批難を表現し、「苦しい、苦しい」と言い続けているのです。

人はコミュニケーション能力がないと生きていけませんが、これは英語ができない、パソコンができないというのとはレベルが違います。それらができなくても、人間は生きていくことができます。

しかし、コミュニケーション能力がなければ、生きてはいけません。だから、引きこもります。土台が不安定な上に、根本のパーソナリティーも不安なので、引きこもってしまうのです。

恐怖に怯える必要のないことでも怯える。

気にする必要のない些細なことでも、気になって仕方がない。

こうした心理をすべて理解するには、彼らの悩みは、攻撃性が変容したものだという点を理解しておかなくてはなりません。

要するに、敵意のような感情を抑圧することで、それが姿を変えて現われてくるのです。

この点を理解しておかないと、世の中に数多くある「なぜこんなむごいことが起きるのだろう?」と思う出来事は理解できません。

不安な人は思い込みが強く、そして、その思い込みの裏には、すさまじい敵意が存在しています。「私は不公平に扱われている」「あいつはひどいやつだ」など、周囲の人からすると、想像を絶するような思い込みがあるのです。

●不安とは「生き方を変えよ」というサイン

できれば不安を避けたいというのが人間の常ですが、一方で不安というのは「いまの自分の生き方が、どこかおかしいですよ」というメッセージでもあります。

無意識の問題なので自分では気づいていませんが、不安は生き方の変調を知らせる赤信号なのです。ただちにそれに気づいて、治さなくてはいけません。

ところが、不安という赤信号から逃げてしまうことがあります。

不安には思い込みが伴います。

例えば、あの職業は立派な職業、こちらの職業はそうではないという、とんでもない思い込みをしている人がたくさんいます。就職の時にも、こちらは良い会社、こちらはダメな会社といった思い込みもあるでしょう。

不安というのは、言ってしまえば、自分ではない生き方をしている人が陥る心理状態です。つまり、不安な人は自分らしくない生き方をしていて、長い間、適性に合わないことを強制されて生きてきたのです。

両親の仲が良い家に生まれて、愛に包まれて生きている人もいれば、虐待されて生きる人もいる。

この職業は良くて、この職業はそうではないというような徹底した権威主義の家で育つ人もいます。すると、そこで言われたことを正しいと思い込んでしまいます。

権威への服従とそれに従う子どもの心に生じた矛盾は解決しません。子どもは親に服従することで、自分自身の強さと統一性の放棄という代価を支払うことになる。そしてその事実に気づかないまま、大人になる。

服従によって意識的には安定しますが、無意識においては権威への敵意が生じる。意識と無意識の乖離が生じることによって、心は常に不安にさらされます。

そのため、前述したように、自分で自分の価値観を見直す人格の再構成が大切なのです。

不安というのは赤信号ですから、不安を感じたら「あ、赤信号だ」と注意しましょう。

「なんだろう?」「何を思い違いしているのだろう?」と考えるのです。

「いま、何を思い違いしているか考えなさい」というのが不安で、それは自分の生き方を変えるためのサインでもあります。ここで自分の生き方を変えれば、人生は大きく拓けるのだと気がつける。
そういう意味では、大変素晴らしい機会でもあるのです。

成功者のうつ病

権威主義の家庭で育てば、人はそのような価値観を刷り込まれて育つ。権威主義の考え方に染まってしまったのは、本人のせいではありません。生まれた時から、そのように教え込まれて、小さい頃からずっとそうした価値観を学習して成人したからなのです。

「Success in business, failure in relationship.（ビジネスの成功者、でも関係に失敗した）」
この言葉も英語の論文にはよく出てきます。

そういう権威主義の家に育ち、偏見の塊《かたまり》のような人でも、ビジネスにおいては成功することもあります。自分の不得意なこと、自分の適性に合っていないことを一生懸命やって、成功する場合もあります。

ただし、これは本人にとってつらいことです。だから、成功者のうつ病が出てきます。人間にとって大切な生き方は、いくらだってあります。そのいくらでもある生き方の中で、自分に一番適したものを選べばいいのですが、我々は往々にして「これしかない」と思い込んでしまいます。

●漠然とした不満

「どうやらいまの仕事に向いていない」「何となく不安」。

そう感じている人は、自分では意識していないところで問題を抱えています。

心の中にさまざまなことを溜め込んだ人は心理的に自立ができず、漠然とした不安を抱えています。自分の能力でできることを、自分のできる範囲でやっていれば、漠然とした不安に苦しめられることはないにもかかわらずです。

自分の能力の限界を超えてまで、人生を意のままにしようとすると、心に葛藤が生じ、それが自立を妨《さまた》げます。そして、自立できないことから不安が生じます。

しかし、自分の能力の限界を知り、協調して社会生活を営みながら困難に立ち向かい、目標よりも過程を重視して生きていければ、何とか最後まで生き抜けるものです。

漠然とした敵意を世の中や人々に持っている人がいます。

漠然とした不満を持っている人もいます。

漠然とした不安も同じです。

敵意のような感情を抑圧しながら、漠然とした不安に苦しめられている人が「修行」という名のもとに自分を鍛えようとして座禅を組んでも、性格が歪むだけです。

それよりも、なぜ自分は不安を感じているのか、その原因を見極めることが第一です。

とかく生《き》真面目な人は、自分の弱さを克服するという発想になって、修行に走りがちです。

修行も大切ですが、もっと大切なのは、自分の能力を社会のために精いっぱい使って生きる姿勢です。

自分を鍛えるという考え方は一歩間違えると、自分を鍛えているのではなく、実は逃げていることになりかねません。大切なことは、自分は何が得意で、何が不得意かを判断し、困難に立ち向かう姿勢です。

不安な人ほど、合格祈願でお札をかき集めるといいます。これは、心の葛藤がお札をかき集めることとなって表われるのでしょう。

第四章

擬似成長と隠された敵意

●模範的な学生の犯罪事件

「擬似成長」という言葉の意味について考えたいと思います。これはマズローの言葉です。成長というのは、もちろんいいことです。ところが、この成長の前に「擬似」という言葉がついています。つまり擬似成長というのは、本当の成長ではなく、偽りの成長ということです。満たされていない欲求をやり過ごすことによる偽りの成長です。

例えば、子どもにはさまざまな欲求があるでしょう。しかし、そうした欲求を全部抑えて親の言う通りにしたとする。しかも、自分の欲求が満たされていないのにもかかわらず、あたかもすべて満たされているかのように思い込む。こうして自分を偽るのです。

社会を驚かすような罪を学生が犯した時に、テレビや新聞などの報道では「模範的な生徒だった」と言われることがあります。見知らぬ人を殺したような犯罪でも、「模範的な生徒」と言われることもあるのですから、驚くべきことです。

親の言うことを聞く、先生の言うことを聞く、学校は無遅刻無欠席ということであれば、確かに模範的な生徒なのでしょう。

しかし、その生徒は擬似成長だったのです。一見すると成長しているかのように見えたのですが、内面ではまったく成長していなかった。

マズローはこれを「極めて危険な基礎の上に立っている」という言葉で表わしています。社会的には、うまくいっているように見えるし、社会的に適応しているようにも見える人が、実際には「危険な土台の上に立っている」ということです。

擬似成長の人は、内面の変化を拒否します。そのため、当然のことながら視野が狭いのです。

●擬似成長の先にあるもの

擬似成長の例として、模範的生徒の犯罪の話をしましたが、中高年の自殺も擬似成長の観点から考えることができます。

考えてみると、中高年というのは、一番賢い時代といえるかもしれません。ある程度年齢を重ねており、人生においてそれなりに経験を積んでいます。

また私のように高齢で、もう肉体的に無理がきかない、というわけでもありません。心も身体も一番熟しているはずです。

一生懸命働く年代ですが、困難を克服する能力が十分にできていないと、社会的にも責任ある行動をしているように見える人が、突然自殺することがあります。

そういう人の努力は、他人よりも秀でている自分を見せるための努力だったのかもしれません。こうした擬似成長は、もはや不幸になるためだけにする努力です。ですから、不幸になりたくなければ、そうした努力をやめなくてはいけません。

世の中には不幸になるための努力をしている人がたくさんいるのです。他人に優越しようとして、嫌いな仕事であえて成長しようとする人です。こうした人は、警戒心が強くて他者と心の触れ合いが難しい傾向にあります。

アメリカのABCニュースの番組でドラッグの特集をした時に、ドラッグで自殺した子どもたちに「Best and Brightest」が多いという説明がありました。「Best and Brightest」ですから、「もっとも聡明な少年」ということです。

そうした子どもたちが、ドラッグの過剰摂取で死んでいるという内容でした。

外から見ると「もっとも聡明な少年」であっても、そういう子どもは内面ではつらくて仕方がなく、本当の自分の欲求は満たされていなかった。まさに、先ほど述べた危険な土台の上に立っている状態です。

彼らは、小さい頃からそういうふうに教育されていて、それが最良《ベスト》であると思い込んでいます。表面的にはとても聡明に見えますが、嫌いなことを一生懸命やっているだけです。だから、つらくてドラッグに手を出してしまうのです。

アメリカは、日本よりもドラッグが手に入りやすいので、つい手を出したドラッグに溺れてしまい、ついには死に至ってしまうのです。

●本当の意味で人生に積極的になれない

擬似成長の人は、実存的な欲求不満です。社会的に見ると成長しているように見えますが、実存の部分は空白です。

生存というのは、食べたり、寝たりということ。一方、実存というのは、生きている意味、生きがい、生活のはりのようなものです。

擬似成長の人は、そうした部分に不満を抱えているのです。

たとえ社会的には適応していても、本能衝動の防衛には失敗していて、自己疎外感を持っています。

うわべは立派ですが、本当の意味で人生に積極的ではない。心の底では深刻な劣等感を抱きながらも、表面的には人生に失望していないように見えます。

オーストリアの精神科医フランクルはこう言っています。

「現代は非常に広汎に広まった実存的欲求不満―多くの人が自分の人生に意味を疑い、価値を見失っている。」

「全ての努力に目標も目的もないというこの体験を実存的欲求不満とフランクルは言う。生活のすさみと虚しさ、内容の空虚と無意味感」(『神経症　その理論と治療　II　フランクル著作集5』ヴィクトル・エミール・フランクル〈著〉、宮本忠雄・小田晋・霜山徳爾〈訳〉、みすず書房、135頁)

アメリカの心理学者デヴィッド・シーベリーは、「人間の義務はただ一つ。自分が自分であること。他の義務はありません。あなたがあると思っているだけです」と述べています。

ところが、擬似成長している人は、人生の本当の義務から逃げています。本当の義務から逃げて、人々の注目を集めることに努力しています。

「それ以外の義務はありません。あなたがあると思っているだけです」という言葉が示すように、擬似成長している人が義務と思っていることは義務ではありません。試練に立ち向かう勇気が欠如しているだけです。

「自己疎外感」というのは、自分が自分でないという感覚です。この自分が自分でない人が親になると、子どもに対してものすごく権威主義的な接し方をするようになります。そうした親が愛と思っていることは、執着に過ぎません。執着を愛と言いつくろっているだけです。

本当の自分と向き合う危険を避けてしまうと、存在感喪失症状や、実存的欲求不満、毎日イライラするなど、いわゆる不安な人の症状が出てきます。

本当の意味で不幸なので、人の幸せを願う気持ちにもなれません。

「自分が自分であること」が唯一の義務というのは、そういう人は本当に人の幸せを願うことができるからです。ところが自分でない人生を生きている人、自己疎外の人というのは、人の不幸を喜ぶようなことをします。

例えば嫉妬というのは、自己疎外された人の心理です。

自分の無意識にある敵意に気づくことの重大さについては、すでに述べましたが、自分の無意識にある憎しみに気づくことは、本当の幸せの出発点になるのです。

●無意識に追いやっても消えない欲求

甘えを良くないこととして、意識から排斥すれば排斥するほど、甘えは無意識の領域からその人を支配します。排斥とは、自分の意識から締め出すことです。その人の中からなくなることではありません。

擬似成長している人の心の中では、幼児的願望は分離されて、無意識下に追いやられています。しかし、無意識下に追いやってそれで消えてくれれば、人間はこんなにも生きることに苦しむことはありません。

無意識に追いやっても、幼児的願望は消えずに存在し続けます。そして無意識に追いやられたものが、逆にその人を支配するのです。当人の人格に統合されないまま、意識と無意識の乖離が生じてしまうのです。

その人が心理的に健康かどうか、どこで分かるのかというと、こうした人格の統合性です。意識と無意識が統合されているか、それとも乖離しているかです。

乖離している人の無意識には、日常の人格から分離された重要な欲望がひそんでいます。それを意識化して、人格に統合しない限り、その人の人格は極めて不安定のままだということです。

そうして人格が極めて不安定になると、不安に駆《か》られてちょっとしたことで怒る、ちょっとしたことで落ち込む、いつまでも嘆いている、いつまでも行動を起こさないことになるのです。

人格と分離された欲望が、意識されずに心の底に存在している。不安から解放されるには、それをどうするかという点から考えなくてはなりません。

一番大切なのは無意識のうちに存在する心の底にあるものを意識化して、人格に統合していくことです。

●不幸を受け入れることがスタート

例えば、意見をまったく異にする、強力な野党の存在する政権をイメージしてください。この状態の政権は極めて不安定です。人格も同様で、まったく違ったものがその人の中にあると非常に不安定になります。

大げさに笑ってみたり、大げさに明るく振る舞ってみたり、臆病なのにいかにも勇気があるように行動をしたり、人のよさを誇示したり、そうした不自然さを感じさせる人がいます。よい子が家庭内暴力をおこしたり、犯罪者に変化するのは、それと同じようなことです。

どうして擬似成長してしまうのかというのは、議論しても仕方がありません。

何度も繰り返すように、擬似成長する必要のない家庭に生まれる子もいます。成長とともに両親が、「この子は何に適しているのだろう」「この子は何が得意なのだろう」と考えてくれる、そんな家庭で育つ人もいるのです。

その一方で、そんなことは一切考えてもらえない家庭で育つ子どももいます。

自分の復讐を遂げる道具として子どもを育てる親もたくさんいます。自分が望むような社会的な成功を収められなかったので、子どもの成功で世の中を見返してやろうと思っているような親は、子どもの適性なんて考えません。

大切なのは、自分自身の運命をしっかりと受け入れて、その上で自分はどう生きるのかを考えることです。

シーベリーが言っているように、「不幸を受け入れる」のです。そうすると、自分のすべきことが見えてくると言います。

「自分はこういう環境に生まれたのだ」

「(自分と違って) あいつは、彼の適性がどういうことかを、お父さんとお母さんが考えてくれて、適性に沿うような人生を送れるよう、彼を一生懸命励ましたのだ」

「自分は小さい頃から徹頭徹尾、ある価値観を叩き込まれて生きてきた。それは不幸なことかもしれないが、どうしようもない」

「だから、不幸は受け入れる」

そうして受け入れると、では、自分はどうしたらいいかということが見えてくる、ということなのです。

●不安の原因となる基本的葛藤

不安の原因について、カレン・ホルナイは、「基本的葛藤（basic conflict）」と述べています。すでに述べましたが、人間には成長と退行の欲求が両方あります。自立と依存が両方あって、それが心の中で葛藤しているのです。

言い換えれば、人間には神の部分と悪魔の部分と両方あって、それが葛藤しているということです。もし神の部分だけだったら、あるいは悪魔の部分だけだったら、人間は苦労することもなかったはずです。ところが、人間は自分の中に神の部分と悪魔の部分の両方を持ってしまった。

繰り返しますが、基本的に我々は葛藤を持っている。成長の欲求と退行の欲求、自立の欲求と依存の欲求というように、正反対の欲求を自分の中に持っているのです。

この問題を容易に解決できるなら、そもそも不安な人はいません。先ほども述べたような意識と無意識の乖離はなく、人格は統合されているはずです。

ところが、これが統合されていないのが「基本的葛藤」です。さらにフロムは「unsolvable

conflict」とまで言っています。「解決できないほどの葛藤」があると言うのです。本人も意識していない隠された敵意です。

これを解決しない限り、人とは心でつながらない、心で触れ合って結びつくことができないのです。

●基本的安心感のない人にとって世界は敵

前に紹介したように、私の相談者の中に「すぐ怒るので、夫と話ができません」という奥さんがいました。そしてなぜ怒るのかというと不安だから、という説明をしました。

これも「基本的葛藤」があるからです。それを解決しないと、安定して生きていけません。親が自分の子どもに対して、本来の子どもとは違うあり方を期待した。そして子どもが、それに応えようとしたところから生まれる葛藤の不安です。

シーベリーは、「人間には唯一の義務がある」「自分自身であること」「他に、人間に義務はありません」と主張しました。しかし、我々は、自分とは違う自分を親が期待していると思い込むことがあります。

さらには、親の感情に自分を合わせなければならないため、周囲の環境と自分との関係は敵意ある世界になります。


人間は、生きるのが本当に大変になるように生まれついています。他の動物なら、そんなに悩みません。

最近、子育て支援とよくいわれますが、他の動物は子育て支援などといわれなくても、きちんと子どもを育てています。ところが人間だけは、一人一人違った個性や適性があるので、なかなか大変な仕事になってしまうのです。

これも繰り返しになりますが、子どもの適性を伸ばしてあげようと思う親のもとに生まれてくる人がいる一方で、それとまったく反対の親のもとに生まれる人がいます。親が本当の自分とは違う自分を期待し、そして本人が違う自分になろうとする時、そこに不安が生まれてきます。

また、親の感情に自分を合わせようとすると、前述したように、周囲の世界が敵意ある世界になり、社会は自分に敵対するものになるのです。

ありのままの自分が親に受け入れられているという、基本的安心感がある人もいれば、ない人もいます。基本的安心感がある人は、自分が自分自身であることを心から喜ぶことができます。

（ドラッグの過剰摂取で死んでしまうような）「Best and Brightest」といわれる素晴らしい青少年にならなくても、この安心感があれば、人生の困難に立ち向かえますし、自分自身であることが喜べます。

ところが、基本的安心感がない人、ありのままの自分が親に受け入れられなかった人は、他人の顔色をうかがうようになります。自分が自分であることを素直に喜べず、そのせいで葛藤しているので、他人の顔色をうかがってしまうのです。

そして、困難を乗り越える能力を自分では養うことができず、他者に対する服従と依存で乗り越えようとします。

ある問題が心配でいられないという人は、その問題自体が心配だというよりも、もっと基本的な部分で、自分の存在が依拠している世界そのものに対して不安を持っています。

「なぜ、そんな些細なことで怒るのか」「なぜそんなどうでもいいことで落ち込むのだ」という話を前にしましたが、その原因は、そのこと自体に対する心配ではなくて、自分が依拠する世界に不安を抱いているからでした。

世界は敵であり、自分は敵陣の中にいると思っているのです。

いまの日本は、昔に比べれば社会的な環境は恵まれています。では、なぜこんなにも、引きこもりが増えているのでしょうか。本人の能力が問題なわけではありません。働く能力はいくらだってあります。

それでも、働けないという人がいるのは、社会の中で働けない、人とのかかわりの中で働けない人がいるということです。人間関係の築き方が分からないままに、しかし働く能力だけは向上させようとしてきた。それでは社会で生きていく意味がありません。

これが基本的不安であり、自分が自分であることが許されない世界に生きているということなのです。

●自分を許されて成長した人と、許されずに成長した人

「神経症の人は相手に従順を強制して相手を滅ぼす」

これは、たびたび紹介しているカレン・ホルナイの言葉です。「神経症の人は」と言っていますが、これは「神経症の親は」という意味です。また、「相手に」と言っていますが、これは「子どもに」ということです。

ただ、「神経症の人は相手に」と一般論的に言っているのは、これが親子関係だけではなく、恋愛関係、夫婦関係にも当てはまるからです。

夫婦関係で、神経症の夫は妻に従順を強制します。妻を滅ぼすというのは、妻の個性を認めないということです。

従順な子は、自分の住んでいる世界を脅威に感じています。不安に怯えている状態です。世界を脅威に感じると、自分を守るために、他人の欲求に敏感になり、その期待に応えようとします。これが間違いの始まりです。

危険な世界から自分を守ろうとするのは、本当の自分が認められていないからです。実際の自分はいけない、許されない存在なのですから、周囲の世界を脅威に感じるのは当たり前です。

現代人はこれほどまでに、他人の目を気にしているともいえます。

不安の症状についての話で、「これで失敗したらどうしよう?」「こんなこと言ったら周りの人はどう思うだろう?」など、さまざまな不安の症状を紹介しましたが、その原因はまさにここにあります。

すなわち、周囲の世界を脅威に感じるのは、実際の自分が許されていないからなのです。ありのままの自分が許されて成長できた人と、それを許されずに成長してきた人。この両者はなかなか理解し合えません。

ありのままの自分が許されて成長し、自分が自分であることを喜べる人と、実際の自分が許されずに、従順を強制されて心が滅んでしまい、世界を脅威に感じている人。この両者が理解し合うのが難しいのは、当然といえば当然です。

だからこそ、学問が必要なのです。学歴は人を救いませんが、学ぶことは人を救います。人はなぜ、こんなにも異なる物事の感じ方をするのか、それを説明することができるからです。大学を出ただけでは救いにはなりませんが、不安について学べば、それは生きていく上での救いになります。

●不安と正しく向き合う

キェルケゴールは「不安は自由の可能性である」「不安を正しく抱くことを学んだ者は、最高のことを学んだのである」と述べています（前掲書『自己不安の構造』156頁）。

それなのに不安になればなるほど、その不安にしがみついてしまうのは、不安を正しく学んでいないからです。不安になればなるほど、現状にしがみつくのです。

さらには、占いのようなものに頼る人もいます。

人間は葛藤を持って生まれてきます。

このことについて、シーベリーは「なぜこれほど、心配事に心を煩《わずら》わせていなければならないのか」と述べています。そしてそれは、自分であることを放棄したからだと言うのです。

鳥がモグラの生き方をしようとすると、不安に陥ります。同様に人間が不安を感じる時は、何か自分にとって不自然なことをしている時です。

前述したように、そうなるのは自分にとって何か不自然なことをしている時であり、そう感じるのは自分であることを放棄したからです。

そこで、なぜ自分であることを放棄したのかということをきちんと考えれば、キェルケゴールのいう「最高のことを学んだ」ことになります。

●社会的成長だけでは不安は消えない

ここまでの話をまとめると、不安とは自分の生き方がどこかおかしいというメッセージであると申し上げました。

そして擬似成長の問題を説明しました。

擬似成長とは、成長段階における挫折でした。一見すると、社会的にうまく適応しているようにも見えますが、心の実存的な部分では、欲求は完全に満たされていません。

自分を周囲の他人と比べるのではなく、自分の能力や関心、目標などの点から掘り下げて自分を見つめなければなりません。

自分の人生は「誰のものでもない」と、心の底のさらに底で感じると不安になります。自分の人生は自分自身のものだということを、私たちはいつも確認しておく必要があります。

我々はつい自分の社会的成長を、自分自身の成長だと思ってしまいます。しかし、社会的成長と自分自身になることは違います。

我々は常に、自分の人生は自分のものであり、人の顔色をうかがいながら決めることではないということを確認しなければなりません。

エーリッヒ・フロムは「先天的に内向的な人は、非常に内気で、引っ込み思案で、消極的な決断力に乏しい人になるか、それとも非常に直感力のすぐれた人、例えばすぐれた詩人、心理学者、医者になるのかのどちらかであろう。しかしその人が無神経でお目出度い『手腕家』になる『現実的可能性』はまったくないのである」と述べています（『悪について』エーリッヒ・フロム〈著〉、鈴木重吉〈訳〉、紀伊國屋書店、190頁）。

欲求不満で支配的な親に育てられれば、「先天的に内向的な子ども」でも、無神経でおめでたい「手腕家」に強制的にさせられます。

そしてノイローゼになる、依存症になる、うつ病になる、不眠症になる、自律神経失調症になるなど、さまざまな望ましくない心の病を抱えることになるでしょう。

そうした人はいつもイライラしています。いつも憂鬱な顔をしているはずです。

自己実現できない怒りが、心の底に燃えさかっていて、得体の知れない怒りが、根雪のように心の底に積もりに積もっている。本人には理解できない怒り、敵意、憎しみが日々増大し、そしてその無意識の怒りがその人を不安にするのです。

マズローは、「人は自分の本性に逆らう罪を犯すと例外なしに無意識のうちに記憶されて自己蔑視の念をかきたてる」と述べています（『完全なる人間——魂のめざすもの』アブラハム・H・マズロー〈著〉、上田吉一〈訳〉、誠信書房、20—21頁）。

マズローのいうように、まさに自己蔑視の念は無意識に記憶されます。自分では自分を軽蔑していることに気がつきません。しかし、自分では意識していないものの、本人に心理的に広範囲な影響を及ぼすのです。

●本当の自分が分からない

だから、自分が自分で生きている時は、傍目《はため》には苦しそうでも、神経症的不安や、神経症的恐怖に襲われることはありません。

一方、自分が自分として生きていないというのは、足が大地に着いていない、宙に浮いているようなものです。

現実の自分が実在感を伴わず自己喪失に陥れば、自分の限界も本人では感じ取れなくなっています。適正な目標というものを持たず、虚栄心から無理を重ねますが、物事はうまくいきません。

本当の自分が分からないので、適正な目的を持って人生に立ち向かうこともしません。

実際の自分を感じることができなくなると不安になる、困難を回避する。さらに不安になると、今度は本当の自分を感じられなくなるという悪循環に陥ります。

自分を生きている人は、困難に立ち向かいます。「自分には、これが限界」と認識できますし、それを受け入れられるのです。

その結果、困難を克服する能力が育成されます。また、自分に限界があるという現実を決して卑下しません。なぜなら、自分自身であることに誇りを持っているからです。

「私はそういう人間ではありません」

これはシーベリーの言葉です。白鳥が良い声で鳴くことを期待するのは、それを期待するほうが間違っている、とシーベリーは言います。

白鳥の姿は確かにきれいです。ですから白鳥を見ると、良い声で鳴くことを人は期待します。

しかし、良い声で鳴くことを期待するなら、白鳥ではなく、サヨナキドリに期待しなさい、ということを言っています。白鳥にそれを期待するほうが間違っているのです。

不安になるのは、その間違った期待に応えようと頑張る人です。不適正な目的に向かって頑張る人は、不安を抱え込むことになります。頑張るのですが、困難を克服する能力が身につきません。

他人の期待ではなく、自分自身の潜在的能力に目を向け、困難から逃げない。困難を自分が成長する機会と受け取る。そういう人は困難に遭遇しても自分に失望しないで、積極的に困難に立ち向かう力が身につきます。

第五章

不安と怒りの深い関係

●不安とは隠された怒り

ここまで、不安の心理は実に広範で大変深刻なものだという話をしてきました。

なぜ深刻かというと、不安によって他の感情が無効化されてしまうからです。アドラーは攻撃的不安といっていますが、不安が前面に表われずに巧妙に隠されていることもあります。

現代が不安な時代であることは、毎日の新聞を見れば誰にでも分かるでしょう。ドメスティック・バイオレンス、パワーハラスメント、いじめ、幼児虐待……、さまざまな問題があります。

そうした現代の問題の背景でもある、強烈かつ広範な不安の心理の話をしてきました。

さらに、その不安の心理をもとにして、その原因について話してきました。

すでに述べたように、不安の原因の一つは隠された怒りです。それは本人が感じている怒りを、意識から無意識に追いやってしまうことに起因しています。

無意識に怒りを追いやるということは、その感情を意識しなくなったというだけであって、その感情がなくなったわけではありません。本人は意識していませんが無意識にある怒りによって、その人の言動、あるいは感情は支配されています。

不安は隠された怒りなので、不安を感じている人は、パーソナリティーに矛盾を含んでいることになります。

不安の原因について考える上では、この不安と怒りは非常に深い関係を持っているということを、まず理解する必要があります。

実は不安な人は、自分が自分でない、自分自身でない、自分が自分であることを喜べない、自分でない自分を演じて生きている、ということを説明してきました。

モグラが鷹のように空を飛ぼうとする。猿が魚のように泳ごうとする。動物はそういう愚かなことをしませんが、人間はそういう自分でない自分を演じようとするというのです。

人の目を意識して、人に見せるための自分、自分でない自分を演じる。それも不安の原因の一つです。

●立ち向かう力が失われてしまう

「不安を正しく抱くことを学んだ者は、最高のことを学んだのである」と言ったのは、キェルケゴールでしたが、不安という強烈な感情を正しくコントロールできるということは、人間としてもっとも賢い生き方を学んだことになります。

不安を正しく学ぶことは非常に重要な意味がありますので、不安の原因について引き続き話をしていきます。

そもそも人はなぜ、自分でない自分になってしまうのでしょうか。

亀は遅く歩いていればいいのです。ウサギと速さを競う必要など何もありません。人間だけが人の目を気にして、好かれたい、褒められたい、愛情を得たい、みんなから受け入れられたい、と思って自分でない自分を演じるのです。

そして、自分が自分でない自分を演じていることに耐えられなくなっているのが、不安な状態です。

その意味で、不安は自分の意識と無意識とが乖離しているわけですが、またさまざまな症状が身体に表われることもあります。「身体化症状」といいますが、自分でない自分を演じることで、片頭痛や過敏性腸症候群のような症状が身体に出てきたりするのです。

人に見せるために自分でない自分を演じることで、意識と無意識が乖離し、それは身体にまで影響を及ぼすことになるのです。

例えば、別に楽しくもないのに、人に気に入られようと思って「楽しい」と言うことがあります。親子で家族旅行に行って、子どもは別に楽しくない、逆につらいのに、両親を喜ばせようとして、自分の気持ちに嘘をついて「楽しい」と言うような場合です。このように、必死で自分に嘘をつくことがあります。

これは同時に、非現実的な理想の自分を無理して演じているということです。人間は安心を得るために無理をしますが、無理をするというのは実際の自分よりも素晴らしい自分を人に見せようとすることなので、演じるのは「非現実的な理想の自分」でなければなりません。そのために、自分と他人を比べてさまざまな努力をするのですが、その努力には何の意味もありません。

その努力によって本来の能力が開発されるのなら意味はあります。しかし、こうした努力は人生の課題に積極的に立ち向かうためのものではないので、能力を開花させるどころか、逆に試練に立ち向かう能力を奪ってしまいます。

●自分ではない自分を生きる悲劇

本来、「パーソナリティーは一定の段階を経て成熟していく」のが人間です。これについて、イギリスの精神科医ボウルビーは二十世紀の時点で、「パーソナリティーは一定の段階を経て成熟していく」ということは、「前世紀において確立した議論だ」と言っています。

しかし、これまで何回も述べてきた通り、それが可能な環境に生まれる人も、そうでない人もいます。

自立に向かって励ましながら育ててくれる親のもと、愛に育まれて成長する環境に生まれる人もいれば、虐待されながら成長する人、その人の適性とは、まったく違ったことを要求されて成長する人もいるのです。

アメリカの精神科医サリヴァンによると、「不安というものは、幼児が自己の対人関係の世界内での重要な人間から認められないということを気づかう『apprehension』なとき生まれてくるのである。意識的認識ができるずっと以前に、幼児が母親との不承知を感づくとき、不安が強く感ぜられるのである」（前掲書『不安の人間学』118頁）。

「自我の形成は、承認される活動と承認されない活動を区別する必要から生まれる。」（同『不安の人間学』118頁）

つまりサリヴァンは、自分が意識する前にすでに不安になっていると言っているのです。

いまはそういうことはないと思いますが、昔は女の子が生まれると、周りの人や親が「この子が男の子だったら」というような話をすることがありました。

自分は女の子に生まれたのに、「この子が男の子だったら」と言われるのです。

実際にあった話ですが、ある女の子は男の子のように振る舞うと、両親が喜ぶからという理由で、お人形遊びや女の子のする遊びをしないで、木登りや男の子のする遊びをしていました。

学校も女子大には行かず、男女共学の大学に進み、好きでもないのにいかにも男らしいというイメージで土木工学科に入り、そのまま大学院まで進んでしまいました。

要するに、男として生きていこうとしたのです。その結果、その女性は結局、大学院に通っている時にノイローゼになってしまいました。

パーソナリティーは成熟していく環境にあれば、本来一定の段階を経ながら成熟していきます。しかし、問題はそうでない環境に生まれてしまう場合なのです。

●頑張れば頑張るほど、世界が敵になる

不安な人というのは、パーソナリティーが一定の段階を経ながら成熟したのではなく、どこかの段階で障害が起きて、そこで発達が止まってしまっています。

親からの自立は普遍の課題です。フロイトは「オイディプス・コンプレックスというのは、人類普遍の課題である」と言っています。

パーソナリティーが一定の段階を経ながら成熟しない状態というのは、そうした第一段階のオイディプス・コンプレックスや、青年期のアイデンティティーの確立といった課題をまったく解決しないまま、自分でない自分を生きながら、社会的にはどんどん大人になるとい

うことです。

しかし社会的、肉体的にはどんどん大人になりますが、心理的にはどこかの段階で成熟が止まっています。そのため社会的、肉体的には大人なのに、心理的には三歳、五歳、あるいはもっと幼い、本当に赤ん坊のような人もいます。

こうした人は、大きな不安を抱えています。

一定の成長の段階を経ない生き方をしてきたので、本人は基本的不安を抱えています。潜在的に敵意を含んだ世界に直面した時の不安に怯えて生きているのです。

「被害妄想」という言葉がありますが、私は「被害妄想」ではなく、「被責妄想」のほうが日常生活における影響は大きいと思っています。「害」ではなくて「責」、つまり自分が責められているという妄想です。

本当の自分が許されていないので、「これできなかったの?」「やっておいてもらえなかったの?」と言われると、自分が責められたと思い込んでしまうのです。

被責妄想の人は自分は責められていないのに、そうだと思い込んでしまうので、努力すれば努力するほど世界を敵に回してしまい、ますます生きづらくなります。

人と話をしていて「これやっておけば良かったね」と言われたことを「お前がこれをしなかったから悪い」というように、何でもかんでも自分が責められているように考えてしまう。

そうなると本当に正常な発達というのは、もちろんできません。

●家に帰ると人が変わる

我々は共同体の中で成長していきますが、不安な人はその中の個人としては挫折しているということです。正常な発達ができておらず、自分は敵意の中にいると感じているのです。

そうした敵意の中で自分の安全を守るには、「自分はすごい」「とても強い」と、自分の力を誇示する以外に方法はありません。

他人に優越する他に、自分の安全を維持する方法がないので、内面に壮大な自画像のようなものを持って、それにしがみつくことになるのです。

こういう人は、当然のことながら心理的にはまったく成長しません。その一方で、社会的、肉体的には成長して四十歳、五十歳になり、会社であれば年齢相応に偉くなります。

ところが、家に帰ると人が変わります。奥さんに言わせれば「もう会社とは別人」のような状態になるのです。まさにスイスの法学者、文筆家であるヒルティが言う「外で子羊、家で狼」です。

優越を求める努力と、仲間意識を育成するのとは本来、逆のものです。優越を求めれば求めるほど、心の底のそのまた底では、孤独になっていよいよ不安が募ります。

ですから、不安の原因の第一としてあげた隠された敵意と、二つ目にあげた自分が自分でない人という原因は、まったく別なものではなく、本質的なところでつながっているのです。

●悪魔になったほうがまし

不安な人は心理的に成長していないので、親なら親、あるいは周囲に対する依存心がとても強いという特徴があります。しかも、周囲に過度の敵対感情を持ってしまうことが多いのです。

どういうことかというと、依存心が強いので「こうしてくれ」「自分をこう扱ってくれ」

「自分をこう褒めてくれ」など、相手にさまざまな要求をします。

ところが大人の世界では、そうした幼稚な願いがかなうことはありません。すると、そこにどうしても敵意が生じます。こういう人はなかなか素直になれません。

「もし自分自身であり得ないのなら悪魔になった方がましだ」（『心の悩みがとれる』デヴィッド・シーベリー〈著〉、加藤諦三〈訳〉、三笠書房、154頁）とシーベリーが言っています。

悪魔を知らない人はいないでしょう。しかし、不安な人は、自分がその悪魔だということを分かっていません。それと気づかないまま悪魔になっているのです。

ドメスティック・バイオレンスを例にすると、妻に暴力を振るう夫も、刃物を持ち出して夫を刺す妻も、自分が悪魔だとは少しも思っていません。それどころか、自分はこれだけ一生懸命やっているのに「あなたは、どうしてそうなの」とすら思っています。自分のことを悪魔と思わずに、そのような真似をしているのです。

シーベリーの言う「自分でない自分になるくらいなら悪魔になった方がましだ」というのは、言い過ぎのように思われるかもしれませんが、そんなことはありません。

自分が自分でない生き方をするところから生まれる不安の心理は、本当にその人の一生を支配しかねないばかりではなく、周囲の人をも地獄に落とすのです。

どこかでそれに気づき、「自分は自分として生きることを、まったく許されないままで生きてきてしまったのだ」と考え、人格の再構成をすれば別です。

それができないと、その人の人生はさまざまな形で行き詰まります。反社会的な行動も起こしますし、家庭ばかりか、会社でもパワーハラスメントをはじめ、さまざまな形でトラブルを引き起こします。

●過去に囚われた自分に気づく

小さい頃に周囲の人に受け入れられないまま大人になった人は、幼い頃とは違う環境にいるのですから、まずそこに気づくことから、人格の再構成をスタートしなければいけません。

幼い頃とはまったく異なる環境で生きているのに、同じ感情のままなのであれば、それは心が過去にあるからです。

いまの出来事を現在のこととして見るのではなく、常に過去のビデオを見ているように、過去を再体験しているのです。

だから大人になって、実際には周囲の人に受け入れられているにもかかわらず、自分の中では受け入れられていないと思っているのです。それに気づかないと、こうした矛盾に一生支配されてしまいます。

大人になって不安があるのは、「私の生き方は、どこかおかしいのだ」というメッセージである、と前に述べました。

不安という心理の現象や状態が、自分に当てはまる、あるいは周りの人に当てはまるとしたら、その人は幼い頃と大人になってからでは生きる世界が変わっているのに、自分は変わることができていないということです。

基本的安心感のない人は、拒否されて孤独になることを恐れるため、相手の顔色をうかがうことのほうが自分の欲求よりも重要です。孤独にならないように、相手に受け入れてもらえるように、本当はウサギなのに虎のような顔をして生きています。

身体だけが幼い頃とは別の場所にいて、心は変わらず昔と同じ場所にいることに気づき変わらない限り、生涯、自分の感じ方は変えられません。

●敵意と不安の結びつきは強固

「母親が幼児の身体的欲求を満足させる根本であるばかりでなく、母親はまたその情動的な安全の源である」とサリヴァンは言っています。

お風呂に入る時に、母親と子どもがコミュニケーションをとりながら肌と肌を触れ合うことは、子どもの肉体的な欲求を満足させるだけでなく、心の欲求も満たしているといいます。

一方、こうした交流がないと、身体的欲求も情動的な欲求も満たされず、そのせいで不安を感じるようになり、パーソナリティーの中に葛藤を生み出します。

子どもの研究家として非常に大きな功績を残しているボールビーも、「愛する人物に向けられた身体的敵対衝動が存在すれば、不安は著しく増大することが実証されている」と言っています。

敵意と不安の深い関係には幼い頃からのさまざまな人間関係が影響し、それらは分かちがたく結びついているということです。

ですから、相手が不安の症状を持っていることに気がついた場合、その相手は成長の過程で幼い頃にさまざまな問題を抱えている、と考えることができます。

子どもの話をしましたが、恋愛も同じです。例えば、不安に怯える女性が恋愛をすると、恋人が他の女性を好きになるかもしれないという疑念を抱くようになります。

成熟したパーソナリティーを持つ人からすれば、変な話だと思うかもしれませんが、不安な人は小さい頃から信じられる人がいないので、このような感情を持つのはおかしなことではありません。

信じられる人がいない中で成長してきた人が、社会的、肉体的に大人になった時に、「はい、あなたは、この人を信じなさい」と言われても、それは無理な相談です。「この人は私のことを捨てるかもしれない」というような、冷静さを欠いた疑いをどうしても持ってしまいます。

恋愛ばかりではなく、仕事も同じです。過労死するまで、なぜ働きすぎてしまうのかというと「もっと働かなければ、自分は解雇されるかもしれない」という不安を持つからです。

幼い頃から、そういう扱いを受けてきているので、自身の中にそのように感じる自分がいるのです。

●他人に勝つことで安心を得ようとする

消費社会の影響についてはすでに触れましたが、その文化はこの不安と敵意とも関係しています。

中世のルネサンス以後、文化全体の状況として、他人に優越すること、勝つことが重要視されるようになりました。文化の風潮として他人に優越し、苦難を乗り越えて相手に勝ち誇ることが、あたかも自我実現のように思われるようになったのです。

現在の消費社会の中で、我々はまさにそうした文化の中で生きています。そのため家庭環境に恵まれないと、他人に優越することで安心を得ようと勘違いをする人が現われます。

本来、安心は人との触れ合い、人とのかかわり合いの中で得られるのですから、これは大きな、そして不幸な誤解です。

いまの消費社会は競争社会でもあります。幼い頃に愛情に恵まれた環境の中で生きることができなかった人は、他人に勝つことで安心を得ようとするあまり、敵意のない場所を探すのが難しくなります。

●敵意以外の不安はないか

不安の原因について、隠された敵意以外の原因があるとする主張ももちろんあります。

まず、人間が幼児期から持っている「見捨てられる不安」があります。

子どもが最初に感じる不安は、「落とされること」「置き去りにされること」「捨てられること」であると、交流分析の大家、ウィリアム・ジェームズが言っています。

またボールビーは、「分離不安」ということを言っています。幼い頃に愛着する人物、例えば母親との関係がうまくいっていなかったことが、不安の原因だというのです。

母親との関係について、もう少し説明すると、これはフロムの言う「第一次的絆」のことです。人間は母体の中にいる時は完全に保護されています。

まさに楽園にいるような状態ですが、その楽園である母体から離れて個人となって孤独になることで、完全に切り離されるわけです。

人間にとって「保護と安全」の願望は何より大切であり、積極的関心を持たれたいという気持ちがあります。しかし、親から積極的な関心を得られず、子ども時代の不安を引きずったまま成長していかなければならない人も、少なからずいるわけです。

しかし、前にも述べたように、幸せになるためには、いつまでも子ども時代の不安を引きずっていてはなりません。小さい頃の不信感を再現している限り、誰でも信頼関係は築けません。あなたは大人なのだから、信頼できる人を探すことです。これがフロムの言う「第二次的絆」です。これがないと、やはり人は不安になります。

第六章

不安から逃げる「消極的解決」

●何をしたいか分からない人が消極的解決を選ぶ

不安には、消極的な解決と積極的な解決があります。

積極的な解決ができればそれに越したことはないのですが、なかなかそうもいかないこともあるでしょう。

多くの人は積極的解決ではなく、消極的解決を選びます。不安と向き合って不安を乗り越えるよりも、不安から逃げて、不安を一時的に自分の意識から消去する方法を選ぶのです。

一時的に不安な思いから逃れることはできますが、その場しのぎや、回避に終始することは解決法としてやはり正しくありません。

不安の消極的解決には、カレン・ホルナイのいう四つの方法があります。

1. 合理化する——rationalize it
2. 否定する——deny it
3. 不安になるような場所から逃げる——escaping anxiety

4．依存症——narcotize it

この四つの方法に共通しているのは、自分が「何をしたいか」ということが分かっていないという点です。

消極的な解決を選択する人も、当初は不安を乗り越えようと努力はしたはずです。

しかし努力の方向が間違っているので、自分が何をしたいのか分からなかったのでしょう。その結果、不安から逃げてしまうのです。

神経症的不安の原因は、その人の無意識の中にある敵意です。自分の心の中にある葛藤が原因ですから、それを解決する必要があります。

しかし、多くの人は自分の中ではなく、自分以外に原因を求めてしまいます。

例えば、他人に優越することで不安を解決しようとしてしまうのです。

不安は、「あなたの生き方を変えたほうがいいですよ」「いま、あなたのパーソナリティーに、具合の悪いことが起きていますよ」という、赤信号を意味するメッセージです。

その時に、このメッセージを無視するのが、不安の消極的な解決です。ここでは、そんな選択しがちな消極的な解決として、これらの四つの方法を取り上げ、考えていきます。

●「自分は子どもをしつけているのだ」

「合理化する」というのは、感情的に自分の子どもを殴ってしまったという場合に、あるいはもっとひどい場合は子どもを虐待しておきながら、子どもを「しつけている」と言い訳をすることとです。表現されない憎しみが、愛情や正義の仮面をつけて登場してくるのです。

このような場合こそ、「なぜ、自分の子どもとの関係はこうなのだろう?」と、自分のパーソナリティーを健全なものに変えていくチャンスなのですが、「自分は子どもをしつけているのだ」というふうに合理化してしまうと、問題の核心に向かっていくことができません。

自分の本当の感情を、まったく分かっていないのが神経症的不安でした。

何か起きた時、どのような情動が生じるかには、その人の過去が影響しています。一方で、その事実にどのように対処するか、その結果生じた情動にどのように対処するかは、当事者のパーソナリティーの問題です。

親子関係ばかりではありません。例えば、受験生が「受験勉強が嫌だ」と本心が打ち明けられない場合です。

それが言えれば、自分のパーソナリティーに何か具合の悪いことが起きている警告として建設的に処理できる。しかし、「受験勉強が嫌だ」と言わずに、友人には「お前、何のために生きているのだ？　何のために生きているかも分からないのに、受験勉強なんかしたって意味がないだろう」。あるいは、「受験勉強なんて、くだらない」などの言い方をして、合理化してしまうのです。

本心が言えず、意識することもできない。「受験勉強が嫌だ」ということを認められず、自分の敗北を認めようとしないのです。

●失敗が嫌なだけ

あるいは、何か失敗した時に「失敗はいいことだ」と言うのもそうです。

一般的に「失敗はいいことだ」と言われますが、それは何がいいことなのか分かっていて、自分の再生への道を探ることができている場合に限ります。

「こうした内面的要因の発見が、より新しい洞察力を持った魂をつくる。」（前掲書『心の悩みがとれる』94頁）

不安の消極的解決を拒否することが、不安の積極的解決に通じるということなのです。

「失敗はいいことだ」と言いながら、何がいいことか分かっていないまま、そう言って逃げている。失敗した時に不満になる、失望する、やる気を失うなど、それらの心理を追究して、そこから自分の再生への道を探ることで初めて失敗は生きてきます。

「失敗が嫌で仕方がない」「失敗するかもしれないと不安で仕方がない」。そうした気持ちを正面から見つめ、そこに自分の生き方の基本的な間違いがないかどうか目をこらすことで、本当の出口が見つかるのです。

ところが失敗を合理化する人は、「失敗はいいことだ」という解釈で逃げてしまう。私も「失敗を喜べ」ということを本に書いたことはありますが、それは失敗をそのままにしていいという意味ではありません。

失敗から逃げない時に、失敗が良い経験になるということです。

例えば、新しい仕事を始めたい場合、本当は臆病で始められないのに「家族にリスクを負わせるし、妻にも迷惑がかかるから」というような言い方をする。自分が臆病で不安だから離婚しないのに、「子どものために、離婚をしない」と合理化する。

あるいは、子どもの教育でどのように指導していいか分からないので、「子どもの自由にさせています」と言う。

どのように指導していいのか分からないのであれば、その事実をまず認める。自分は親になる心理的成長ができていないということに気づき、課題として乗り越えていけばいいのです。

それなのに、どのように指導していいか分からないという事実を、「子どもの自由にさせている」と言い換える合理化は、いわば意識のブロックです。

「子どもに任せる」ということは嘘で、親が対応できないというのが本当です。

「子どもの自由にさせています。子どもは自由が一番」と言うのは、対処できないことへの合理化です。子どもが不登校になった時にも、そういう言い方は可能です。

つまり、自分と自分の子どもとのコミュニケーションがうまくいかなかったからではなく、友達や学校に原因を求めます。不登校の原因を、外に置き換えるのです。

つまり合理化は、悩みの核心に入っていかないようにするブロックです。

人は不安になればなるほど、現状にしがみつきます。現状にしがみつき、他の理由を見つけてきて自分の言うことを合理化してしまうのです。

愛情飢餓感から子どもに接しているのに、子煩悩と合理化する。あるいは、マザコンを親孝行と合理化する。いずれも代償的満足を求めているだけです。依存的関係を愛情関係と合理化しているのです。

●他に原因を見つけて目を逸らす

合理化については、こんな例もあります。

アメリカでは、それまで長いこと売れなかった缶コーヒー、インスタントコーヒーが、一挙に売れ始めたことがありました。普通に淹《い》れるよりも、インスタントコーヒーのほうが簡単で便利なので、当初は「簡単&便利」をアピールしましたが、一向に売れませんでした。そこで「空いた時間を家族のために使ってください」と訴える戦略に変えました。すると、インスタントコーヒーが売れ出したのです。

これも合理化です。みんな本当は、コーヒーを淹れるのに手間暇かけるのが嫌なだけなのですが、「めんどうくさいので嫌」とは言いにくい。そこでコーヒー会社は、家族のために時間を使うという合理化で、消費者を安心させてあげたのです。

合理化は不安の客観化です。

外側に不安の種を探して、本当の自分の心を見ていないということです。ですから、本質的な解決にはなり得ません。合理化を続けていると、自分の内面が弱くなります。

そして、内面が弱くなればなるほど、合理化に逃げることが多くなります。

そのようにして合理化によって心の葛藤から逃避し続けていると、ますます不安になり、現実に耐えられなくなります。

合理化のたびに無意識の領域で起きていることは、内面的強さの掘り崩しです。合理化をしている人は、無意識の領域で大きなコストを払っているのです。

合理化することでその場は心理的に楽になり、意識の上では何事もなくなる。その日は過ぎていきますが、本人にとっては必ずしも望ましいことではありません。

●合理化とは、単なる言い訳

「娘夫婦が不仲で、将来が心配」という相談を受けることがあります。しかし、実際はというと、娘夫婦は仲が良かったりします。この相談者が、もっと娘夫婦に構ってもらいたいだけなのです。

だから「娘夫婦のことは、放っておきなさい」とアドバイスをすると、「親が子どものことを心配するのは悪いことですか！」と怒り出します。これも、親が子どもを心配するのは良いことであるという合理化です。いずれも合理化、不安の客観化です。外側に不安の種を探し、見つからない時には自分で作り出すのです。

自分の身勝手を「私は苦しい」と言って、合理化する人もいます。「私はこんなに苦しいから、これが許される」という言い訳です。

合理化についてもう一つ大切なことは、その人の内面の弱さと正比例するということです。内面的に弱ければ弱いほど、合理化が多くなります。あれこれと理屈をつけて、合理化を図ろうとするのです。

「あの時にお前がああしていなければ、こんなことにはならなかった」と言い張って、「自分は素晴らしい」という感情的土台の上に理屈を体系づけます。

●攻撃する本音

「人は不安を逃れるために攻撃性に頼る」とロロ・メイは述べています。

憎しみが、正義の仮面をかぶって登場することがよくあります。

テロリストは、革命家と称して、暴力を振るっているだけです。さまざまな不安から逃れるために、攻撃性に頼ります。

前に述べたように、不安と敵意は密接にかかわっているのです。不安に駆られてやっていることは、実はその人の無意識にある敵意がやらせていますが、これを合理化することで本人の内面はさらに弱くなります。

つまり、内面の弱さと合理化は、繰り返しますが正比例の関係にあるのです。合理化によって、その時にはいかにもすべて自分の思い通りになったように思うかもしれませんが、内面の強さはどんどん掘り崩されています。

世の中で起きるさまざまな不思議な出来事について、「これは合理化ではないか?」と疑ってみると、見えてくることがたくさんあります。

いずれにしても合理化が内面を弱くするものだというのが、大切なポイントです。いわば悪魔が神の仮面をかぶって登場するのが合理化で、合理化はパーソナリティー発達の停止を意味します。


弁護士という正義の仮面をかぶって、社会的に妬《ねた》ましい相手を追い込む離婚訴訟を担当する弁護士がいます。

例えば、依頼者の女性は自堕落な生活をして、昔の夫からお金を搾取しようとしています。一方、別れた夫は離婚後に頑張って生活を築いています。必死で働き、恵まれた環境にある人間のほうを妻はいじめようとするのです。

その際の合理化が、「離婚後の両者の生活のレベルがあまりにも不公平」という「正義」によるものです。

●いじめ依存症

大人が他者をしつこくいじめる時には、当人の心の中には激しい敵意があります。いじめが強迫性を帯びているのです。

これはいじめ依存症です。いじめまいと思っても、いじめずにはいられません。いじめなければ自分のほうがおかしくなってしまうのです。

いじめ依存症の人の無意識にある大量の敵意が、その人を支配しています。いじめ依存症の人は、自分の無意識にある大量の敵意を意識化して解消しない限り、死ぬまで正義や愛情の名のもとに相手をいじめます。

「あなたのため」と言って、しつこく絡む人も同じ心理です。「あなたのためを思えばこそ」と言いながら、グチグチといつまでも相手を責めるのです。「人は不安を逃れるために攻撃性に頼る」とはロロ・メイの見事な指摘です。

嫉妬心を抑圧することは、家族の中でのいじめの始まりでもあります。いじめている人々は、いじめていると意識していません。

家族みんなして一人の悪口を言って、家族の中で仲間はずれにします。仲間はずれにしている隠れた真の動機は嫉妬心です。しかし、そのことに互いに気がつかないまま、「あの人はひどい人間だ」と考えています。

しかし、自分たちが嫉妬しているその家族の一員は有能で、しかも利益をその人から得ていたとすると、仲間はずれにしながらも、その人が離れることを許さなくなります。

そうして、嫉妬された人はうつ病など心を病むようになっていきます。

シーベリーは「血縁につけこまれるな」と述べていますが、肉親という仮面をかぶった嫉妬は多いのです。

●自分の結婚の失敗を認めない

不安の消極的解決の二つ目は、否定する、現実否認です。

これはよくいわれる「酸っぱいぶどう」の話です。「あのぶどうは、酸っぱい」と言った、『イソップ物語』のキツネの話はご存じですよね。

あのぶどうは甘い、おいしいと認めると、自分が採れないという事実を認めなくてはいけません。そこで自分が採れない不安を消すために、その不安そのものを否定、つまり現実を否定します。それが、おいしいと分かっているぶどうを「あのぶどうは酸っぱい」と言い張ることなのです。

「酸っぱいぶどう」の他に、「甘いレモン」という言葉もあります。「甘いレモン」というのは「酸っぱいぶどう」とは逆に、酸っぱいレモンを甘いと言い張るのです。

例えば、自分の結婚が失敗して結婚生活が不幸だったとします。その時に高校時代に張り合っていた友達が幸せな結婚をしているのを見ると、悔しい気持ちになる。そこで「私は幸せである」として、決して自分の結婚の失敗を認めないのです。

あるいは就職した自分の仕事が好きではなく「向いていない」と思いながらも、周りとの関係で「俺はこの職業が良かった」と言い張るのもそうです。レモンは酸っぱいのに「甘い」と言っているわけです。

本当は自分の人生に何か問題があるのに、「何も問題ない」と言い張る。現実否認は価値剝奪を避けるための自我価値の防衛的態度です。自我価値の崩壊から自分を守るための態度だといえます。

これは生きる喜びを味わう能力を奪います。なぜなら、この現実否認には莫大《ばくだい》なエネルギーを必要とするからです。

●拒食症の子どもの相談にきた親

例えば、拒食症の子どもについて相談にきた親に、「夫婦関係はどうですか?」「奥さんとの関係はどうですか?」「旦那さんとの関係はどうですか?」とたずねると、多くの人が「いい関係です」と答えます。

実は夫婦関係がうまくいっておらず、それが原因で子どもが不登校になっているような場合にも、「夫婦関係は良好です」と言い張ります。

これは、子どもが不登校になった場合も同じです。

質問すると、「夫との関係はうまくいっている」「妻との関係はうまくいっている」、仕事はというと、「仕事もうまくいっている」と言います。「ではなぜ、お子さんは不登校になったのですか？」と聞くと、それが分からないと言います。

夫婦関係がうまくいっていないという事実を絶対に認めずに、「ではなぜ、お子さんは不登校になっているのですか？」と聞くと、それが分からないと言います。うまくいっていると言い張り続けるのが消極的な解決です。

現実に直面するよりも、他人を批難しているほうが楽なので、自分の心の葛藤には直面しません。ところが、周りを批難しているだけで現実を認めないと不安になります。そして現実がさらに耐えがたくなると、ますます現実を認めないという悪循環に陥るのです。

むごい場合には、虐待で子どもの身体に痣《あざ》ができているのに「良い父親、母親」と言い張る。同僚に抜かれても「出世はくだらない」と言うのと同じです。

このようにナルシシズムを満たすように現実を変えて認識するのは、まさにカルト集団の手法です。

みんなで一緒に現実を否定してくれるから、救われます。「カラスは白い」と言ってくれる、「ぶどうは酸っぱい」と言ってくれる、集団ナルシシズムにふけっていられるのです。

●影響は身体に表われる

絶対に現実を認めないという人は、身体化症状といってその影響が身体に表われることが多いものです。震えがくる、異常な発汗、頻尿、下痢《げり》、吐く、頭痛、腸の障害などが身体に出てくる場合がある。現実を否認しても、身体は知っているということです。

それでも身体の不安のほうが心の不安よりも耐えやすいので、現実の不安を認めないことで心の葛藤を抑えます。

問題はその結果、現実の不安が、どうなるかということです。合理化を繰り返し、現実を頭ごなしに否定していると、新しい状況への対応能力がどうしても劣ってくる。思考することや行動することが億劫になる。コミュニケーション能力が失われ、人と親密になれなくなるのです。

例えば「頑固」といわれる人がいます。歳を取ってからの「孤独で頑固」は、老い方の失敗です。現実を否認するような生き方を続けていくと、最後には孤独で頑固という状態を迎えてしまう。

それでも、なぜ現実を否定するのかといえば、自分の価値を守り抜こうとするからにほかなりません。頑固な人は絶対に人に謝ろうとはしません。「ごめんなさい」と言えば、問題は解決するのですが、それがなかなか言えないのです。

●自分が逃げていることを認めない

現実否定、現実否認というのは、少しオーバーに言うと、自分の誤りを認めるくらいなら、死んだほうがましという心の姿勢です。

事実、そう言って死んでいく人がいます。

アメリカにヘブンズ・ゲートというカルト集団が存在していました。彼らは「自分たちは精神的なものを求めている、世の中は汚れている、世の中が間違っている、私たちは正しいのだ」と叫び、集団で自殺しました。それはまさに、自分の価値を甲冑《かっちゅう》で固めて現実否認し、不安を回避しようとしたようなものです。

彼らはパーソナリティーに問題を抱えていましたが、それを絶対に認めようとはしなかった。それなら死んだほうがましだと自殺を選択しました。それが、神経症的不安回避の結末です。不安回避は大きな犠牲を伴います。

「不安回避は一時的には達成できる。しかし、これは新しい真実の発見可能性を犠牲にし、新しい学習の排除、および新しい状況への適応能力の成長を阻止することによって達成される。」（前掲書『不安の人間学』184頁）

これこそ独善主義です。宗教的独善主義、政治的独善主義など、さまざまな独善主義がありますが、このように極端なイデオロギーを信奉するのは、だいたいが成長の失敗が原因です。

○○原理主義というのはおしなべてそうです。イスラム主義、マルクス主義というのは悪くありませんが、イスラム原理主義、マルクス原理主義となると話は違ってきます。

新しい状況へ適応することができないまま独善主義に陥り、それを守り抜いて、否定し続けていく。

身勝手な自分の願望を、身勝手とは認めない。

わがまま勝手をしながらも「これはわがままではない」と言い張る。

そういった解釈だけで生きていこうとするので、自己無価値感は倍増する。
無意識に失望して振る舞うことで、失望をより深くする。
訳の分からないことを言って、目の前の仕事から逃げる。
現実から逃げているのに、自分が逃げていることを認めない人々。

ヘブンズ・ゲートの場合、不倫については、どういう説明をするかというと、「真実を求めて私は家を出る」と言うのです。「不倫で離婚する」と言えば道も拓けるのですが、真実を求めて家を出たのだと、教祖は言っていたわけです。

本当は「父親、母親としての役割を果たすのがつらい。もう嫌だ」というのが本音なのに、それは絶対に認めようとはしませんでした。

●成長の機会を失う

ジョージ・ウェインバーグは「柔軟性に対する最高の挑戦は抑圧です。」と言っています（前掲書『プライアント・アニマル』99頁）。

「頭が固い」といわれるのは、長年にわたるその人の生活態度の結果であって、そう簡単に治るものではありません。

宗教的独善主義者や政治的独善主義者もみんな同じです。保守か革新、進歩か反動、封建的か近代的、体制か反体制、二種類の言葉だけで価値を判断しようとする。単純にすべてを二項対立にして、こっちが悪い、こっちが良いというふうに二分するのです。

前述したように、こうした考え方の恐ろしいところは、状況への適応能力が失われてしまう点にあります。

いまのような変化の時代には、我々は新しい状況にどんどん適応していかなければならないのに、現実否認という不安の消極的解決をしていると、その能力を失います。余計にいまある価値にしがみついて、それ以外は認めないということになります。

実際はそう望んでいても、そう望んでいる本心を否認するのです。

彼らは現実とコミットしておらず、社会の中で生きていくという姿勢を持ち合わせていません。

肉体的な傷を負えば、救急車が病院に運んでくれます。現実否認の人たちは心理的な傷は重いのですが、現実という信号を無視して車を運転し、そこで事故を起こす。そうやって挫折を繰り返していきます。

「不安回避の否定的方法に見られる共通分母といったものは、認識と活動領域を縮小するということであることがわかろう。」（前掲書『不安の人間学』185頁）

不安回避の否定的方法は成長の機会を失います。現実否認をしたままでは、逆に現実から身を守りきることはできません。

●「誘われない」から「嫌い」になる

不安の消極的解決の三つ目は、「不安になるような場所から逃げる」。どういうことかというと、自分の価値が脅《おびや》かされている状況から逃げるのです。現実否定、現実否認よりも、さらに強い姿勢だといえます。

アメリカの高校では、頻繁にパーティーが開かれます。そうした時に、本当はパーティーに行きたくても、ダンスパーティーに行って誰からもダンスに誘われないかもしれないと思うと、とても不安になります。そのせいで、ダンスパーティーへの参加を断ったとします。

その際に「私、パーティーは嫌いなの」と言って断るのが、不安から逃げるということなのです。

パーティーに行かないにしても、ダンスに誘われないかもしれない不安から「逃げている」という事実を自分で意識できていればいいのですが、そうではなく「パーティーが嫌い」と言う。

政治に関心が高く、政治家になりたかったのですが、結局、ならなかったという人がいます。

なぜかというと、政治家になるためには選挙に出なければならないからです。選挙に出て落選するのが怖い、落選が不安だから政治家になりませんでした。

不安から逃げるというのは、まさに不安の消極的な解決です。

しかし、その場の不安はしずまるものの、不安に対してそうした向き合い方をしていると、前にも述べたように、自分の内なる力はどんどん弱くなっていきます。

●輪投げを遠くから投げる人

その意味でこの解決法を「退却ノイローゼ」と言う人もいます。「retrieve from the battle front」。つまり、人生の戦いの場から逃げてしまうということです。

輪投げを使ったある実験があります。

輪投げは向こうに棒が立っていて、そこに向かって輪を投げて入るか入らないかというゲームです。普通、投げる側に線が引いてあり、その線から投げますが、実験では線を引かずに遊んでもらいました。

すると、「必ず入るくらいの距離から投げる人」「入るかもしれないし、入らないかもしれないという位置から投げる人」「絶対に入りっこないくらい遠くから投げる人」がいました。

三タイプのうち、絶対入る位置から投げる人、逆に入る可能性がないくらい遠くから投げる人が、不安から逃避している人です。

必ず入る、または、入ったらまぐれというくらい遠いところから投げているわけですから、これは「自分の力が試される」ことから明らかに逃げている。

とにかく現実に直面するのが怖い。その意味でのまさに現実逃避です。このように現実を避けていれば、確かにその場では不安から逃げられますが、いずれにしろそれは基本的な解決ではありません。

後で詳しく述べますが、不安の消極的な解決法に伴う問題は、内なる力をどんどん失っていくということです。内面の力が失われてしまい、しかも本人は、そのことに気がつきません。

オーストリアの精神科医ベラン・ウルフが「悩みは昨日の出来事ではない」という名言を残しています。三十歳を過ぎても、不安な現実から逃避するようなことを言っている人は、小さい時からずっと不安から逃げるという解決方法を取ってきたはずです。だから、内面も弱くなり続けているに違いありません。

病気になりたいという願望

子どもの頃、学校に行きたくない時に「行きたくない」と言って、親に「行きなさい」と怒られた経験はありませんか。

しかし、病気になれば別です。親が学校に電話をかけてくれて「休んでいい」と言ってもらえる。病気にさえなれば、いま直面している不安な状況からは逃れられ、会いたくないみんなにも会わずにすませることができたのです。

これは、前述した身体化症候群です。

同じくロロ・メイはこのように述べています。

「またきわめて興味のあることは、人々が表向きに器質的な病気になるとき、不安が消えていく傾向にあるということである。」（前掲書『不安の人間学』67頁）

自分の力が試されるというのは不安です。しかし病気になれれば、その試練を大きな顔をして逃れることができます。そこで腹痛、片頭痛、過敏性腸症候群を発症するケースが、実は多いのです。

「ドクターショッピング」という言葉があります。これは、お医者さんから、お医者さんへ渡り歩くことです。

お医者さんから別のお医者さんへ渡り歩くのは、病気を治すためではありません。「あなた病気ですよ」と言ってもらい安心するために、お医者さん回りをするのです。ですから、医学的に病気でなくても、「病気ですよ」と言ってさえもらえれば不安がなくなります。

実際に病気になるよりも、心の不安に耐えているほうが、実はもっとしんどいということです。病気になれば、自分の価値が脅かされることがなくなります。だから、「あなたは、こういう病気です」と言ってもらい、不安から逃れようとするのです。

●肉体の病気のほうが楽

自分の実力を試される場面というのは、非常に不安になります。だから、さまざまな口実を設けて逃れたり、身体化症候群のような器質的な反応を示すことで、その心理的な不安から逃れようとします。

症状はさまざまです。共通するのは「本当の病気ではない」が、「症状はある」ということです。

その症状の目的について、ロロ・メイはこう言っています。

「症状の目的は、せきとめられたリビドーから、生物体を守ることではなくて、むしろ、不安発生状況から個体を保護するためである。」（前掲書『不安の人間学』68頁）

試験を受けなければならない、会議で発表しなければならないなど、人は生きていく上で数々の不安な場面に出会います。

そうした時に我々は、心を守るために身体のほうを病気にするのです。繰り返しますが、これは心の不安よりも、身体の病気のほうが心理的に楽だということです。不安のほうがつらいので、その不安から逃れるためであれば、その場では病気になってもいいということなのです。

器質的に病気になることで、意識の上では「これで自分の価値が脅かされることはない」という安心が得られます。まさに肉体的な病気が本人を心理的に保護したということです。

つまり、仕事ができない不安を「私は胃が弱いから仕事ができない」と言うことで、一時的な安心を得ているのです。

「もう一つ重要な点は、情動的あるいは心的不調よりも、気管の病気になることの方がはるかにうけいれられやすいものだと考えられている。

いわばこのことは、現代文化には、不安その他の情動ストレスが、きわめてしばしば身体的形態をとるという事実と関連があるのももっともなことである。」（同『不安の人間学』

64頁）

「不安その他の情動ストレス」から、胃潰瘍《かいよう》になる人もいるでしょうし、がんになる人もいるでしょう。ストレスから眠れなくなり体調を崩す人は多く、睡眠不足のせいで免疫力が落ちてどうしても病気になりがちです。

「もし生物体がうまく逃げることができるならば、恐怖は病気に導かれることはない。もし逃れることができず、解決できない葛藤状態のままでいることを強いられるならば、恐怖は不安に変わり、そのとき精神身体的変化は不安を伴うかもしれない。」（同『不安の人間学』65頁）

園児の心の病を治すことに長《た》けた幼稚園の先生が、「病気がちな子は、家族が敵」と言っていました。怒りをいつも表現できず、溜め込んで病気になっているのです。

「怒りは闘争、あるいは他の直接的形態で表現されるなら病気には達しない。」（同『不安の

人間学』65―66頁)

「learned illness」といいますが、「子どもの頃に『病気になると、こういういいことがある』ことを学習させると、弱さを武器にして生き始めるので絶対にダメ」とその幼稚園の先生は言っていました。

「病気になるということは、葛藤状況解決の一方法である。」(同『不安の人間学』68頁)

●新型うつは存在しない

「新型うつ病」が流行ったことがありました。それこそNHKでも特集されるなど、メディアで大きく取り上げられました。

しかし、本当は「新型うつ病」などという病気はありません。あれはメディアの報道に乗せられた精神科医が作り出した、実際にはまったくない病気です。

「新型うつ病」といわれている病気については、アメリカの医学者アーロン・ベックの

『Depression』（未邦訳）という本を読めば分かります。『Depression』には、新型うつ病の「新型」といわれる症状がすべて出ています。

なぜ新型うつ病になるかというと、「うつ病」と言えば、会社を休めるからです。何だかよく分からなくても「うつ病です」と言えば会社を休める。だから、新しいうつ病が出てきたというのです。

アーロン・ベックの『Depression』では、それを「ローカライズ」という言葉で説明しています。これも心の不調よりも、身体の不調のほうが受け入れやすいということです。学生が学校を欠席するのでも、ビジネスパーソンが会社を休むのでも、病気と言えば認められます。すると、公然と休むために「病気」と言うようになるのです。

先ほどのロロ・メイの話の続きに戻りますが、こんなことを言っています。

「いわばこのことは、現代文化には、不安その他の情動的ストレスが、きわめてしばしば身体的形態をとるという事実と関連があるのももっともなことである。」（前掲書『不安の人間学』64頁）

しかし、心の葛藤を解決しなければ、薬を飲んでもお医者さんに行っても体調は引き続き悪いままです。

心の問題が難しいのは、肉体の問題とは違って、病気だと言えば病気になってしまうことです。

例えば、三十九度の熱がある時には本人も病気だと分かっていますし、周りも病気だと判断します。まさか高熱があるのに、トレーニングで走る人はいません。こういう場合は、自分にも他人にも病気ということが分かります。

ところが心の病気は見えないので、本人が「私、病気です」と言うと他人からは分からなくても、それで病気になってしまうのです。

こうした身体的形態をとる事実は、現代を理解する上で非常に重要です。というのも、病気ではないのに病気という形態をとって、「新型うつ病」「さとり世代」といった、まったく違った事実が作り上げられてしまうからです。

●心は幼児のままの「退却ノイローゼ」

繰り返し述べてきた通り、不安の原因で重要な点は二つでした。一つは無意識にある敵意であり、もう一つは自分自身を生きていないことです。

これが無意識にある怒りではなく、直接表現される怒りの場合は、病気にはなりません。

「怒りは闘争、あるいは他の直接的形態で表現されるなら病気には達しない。」（前掲書『不安の人間学』65—66頁）

しかし、怒りを直接表現できない場合、それが身体に出てきます。そのため、不安を抱えている人は、どうしても体調が悪くなります。人によってはそれを「退却ノイローゼ」「大きくなってしまった幼児」と呼びます。肉体的に、社会的には大人になっているけれども、心は幼児のままということです。

これらの病には、「怒りの自覚」があるかないかということが非常に重要です。身体の病の場合は自覚がありますが、心の病には自覚がありません。

なぜ重要かというと、この点こそ、消極的解決で終わるのか、積極的解決に進めるかの分かれ目だからです。

消極的解決には、怒りの自覚や意識がありません。子どもに暴力を振るっている時に、「しつけ」と言っている人には怒りの意識はありません。

言い換えれば、人間の無意識が持つ恐ろしさを、不安に向き合うことで理解してもらいたいのです。人間の無意識にひそむものがいかに恐ろしいものであり、現実の我々を動かしているかという事実を知ってほしいのです。

●不安から依存症に逃げるケースが多い

四つ目は「依存症」です。これは依存症、例えばアルコール依存症などのことです。

アルコール依存症の人も、好き好んでアルコールに依存しているわけではありません。会社や家でさまざまな嫌なことがあって、「酒でも飲んでいなきゃ、やってられない」ということで、お酒に走ってしまったわけです。

依存症は、お酒ばかりではありません。ワーカホリックといわれるように、仕事依存症もあります。

夫婦関係の危機に直面している人がいたとします。本来はその問題に立ち向かうことで、人間は成長するのですが、それに向き合わず、仕事が忙しいと言って問題に向き合うことを拒否して仕事に逃げる。その結果、ワーカホリックになっていくわけです。

依存症患者に共通するのは、不安な時にその不安をきちんと意識しなかったということです。夫婦関係がうまくいっていない時、その不安から逃げるために、仕事依存症、あるいはギャンブル依存症など、何らかの依存症になってしまったのです。

我々が生きている現代社会は、依存症を容認している依存症社会だともいえます。

日本には「依存症」という言葉が少ない。この点にむしろ現代が依存症社会であることが端的に示されています。「アルコール依存症」という言葉は、よく耳にすると思いますが、「砂糖依存症」「完全依存症」「人間関係依存症」というように、依存症はそれだけではなく他にもたくさんあります。

もちろん、お酒は合法的なものですから、飲んでもあまり責められることはありません。お酒への依存に対して、日本の社会は甘い面があります。しかし、不安からそれが過ぎると、アルコール依存症になってしまいます。

前述したように、仕事依存症になる人もいます。昔でいえば手帳、いまでいえば、パソコンのスケジュール表に予定がぎっしり埋まっていないと、安心できないのです。

不安をしずめようと、我を忘れて活動する。社会にかかわることによって孤独を隠そうとする。孤独の恐怖から社会参加し、自分が人気者である、好かれていると思い込もうとしているのです。

しかし、それは幻想でしかないので、どれだけスケジュールを埋めても、どこかで不満がくすぶり、心の中にはもやもやが残ります。

そういう人が身近な人に対して正体不明の不満や怒りを感じるのは、心の底では誰ともつながっていないことに起因するものです。

ですから、社交的に見える人が、実は対人恐怖症ということもあります。

先ほどダンスパーティの話をしましたが、「私はパーティが嫌い」と言って不安から逃れようとする人もいれば、反対に何もかも忘れるために、積極的にパーティなどに参加している人もいます。

●現代は依存症社会

これまで不安の消極的な解決には、四つの方法があることと、その内容について説明してきました。これらの解決法を選んでしまうことで生まれる問題は、認識と活動領域をせばめてしまうという点です。生きることとは、認識をどんどん広げ、活動領域を広げることですが、消極的な解決法を続けていると、そうはならないのです。

カレン・ホルナイが言っているように「消極的解決は内面的強さを破壊する方向に働く」のです。しかも、ここが消極的解決の怖いところですが、本人は自分の内面が崩壊していることに気づいていません。常に防衛的なので、自分の内面がどんどん崩壊していても、そのことに気づかないのです。

消極的な解決法によって、その場はとりあえず解決し、当面の不安を忘れはしますが、内面的な強さをなくしてしまいます。

その結果として起こることで、私が一番恐ろしいと思っているのは、前にも述べたように「コミュニケーション能力が破壊される」ということです。ロロ・メイは「想像力の喪失」ということを言っています。

不安の消極的解決によって徐々に人生が行き詰まり、最後は引きこもりというところまで追い詰められてしまう人もいます。

人間は依存と自立の葛藤を経て、成長していきますが、自立が失われてしまったのです。本人は、自我価値の崩壊に対する防衛をしているつもりですが、残念ながらそれはうまく作用していません。

よく「こんなに努力しているのに」と言う人がいます。しかし、それが社会におけるコミュニケーション能力を失った上での努力であるとすれば、結局は実りません。その結果、本人は深い失望感に見舞われてしまうようになるのです。

第七章

乗り越えるための「積極的解決」

●不安の原因を見極める

不安の積極的解決がうまくできれば、健全に成長して、他者との新しい関係を構築できます。しかし、その一方でそれに失敗すると、他者との新しい関係は依存的な関係に陥ってしまいます。

まず、不安の積極的な解決についての研究を簡単に説明します。なぜ自分は不安を感じているのか、その原因を見極めることが肝心です。

「自分の心の葛藤に直面し、解決を求めようとすればするほど、内面の自由と力を獲得する。」(Karen Horney, *Our Inner Conflicts*, W.W.NORTON & COMPANY, 1945, p.27)

どんな小さなことでも自分の力で乗り越えると自信がつく。これが前提にあります。

●不安に打ち勝った人の心理

不安の積極的解決の一つは、「信じる価値への献身」です。自分が信じている価値があれば、不安と向き合った時、その不安を乗り越えていくことができるということです。

第二次世界大戦時の戦場における兵士の研究があります。それを見ると、戦闘に直面した兵士は、我々が日常生活で持つ不安よりも、はるかに強い不安にさらされています。

しかし注目すべき点は、そうした強い不安にさらされる状況において、その不安に打ち勝った人と、そうでない人がいるという事実です。

では、両者の何が違ったのでしょう。さまざまな調査を見ると、「怯え」「不安」に勝った人は、きちんとした目標を持っていました。

戦場では命の危険に直面します。その危険に怯えるのは、人間の心理として当然です。

そうした心理に打ち勝つために何が大切かというと、「自分は祖国を守るのだ」「自分の家族を守るのだ」「自分は戦うことで自由を守るのだ」、あるいは「自分は国の独立を守るのだ」など、何かをしっかりと信じることです。他人から押し付けられたのではなく、自身が信じている目標を持っていた場合は、戦闘で怯えることはありませんでした。

不安に打ち勝つために、もう一つ大切なことは、目標を持つと同時に、社会的結びつきがきちんとあることです。例えば、「国にいる家族を守る」「自分の生まれたこの地域を守る」など、そうした社会的結びつきを、きちんと持っていることです。

社会的結びつきがない。言い換えれば、心の触れ合う人もいない、自分が命をかけて守る故郷もないという場合には、戦場という究極的な状況において、その不安を乗り越えるのは、人間にはやはり無理だろうと思います。

ロロ・メイは、アドラーを評価して次のように述べています。

「人間の仲間に属していると意識しているその個人だけが、不安なしに人生を生きぬくことができる。」（前掲書『不安の人間学』１０８頁）

ロロ・メイは、アドラーがフロイトの見落とした社会的かかわり合いを強調した点を評価しています。

「またそれゆえに劣等感は社会的結びつきを確認し、増大することによってのみ建設的に克服できるものである、アドラーの主張である。」（同『不安の人間学』１０６頁）

●心を落ち着かせるために

「女は弱し、されど母は強し」という言葉があります。「女は弱し」といいますが、女性の場合でも恋人がいて、その恋人のために頑張るとなったらそれは強いですよね。「されど母は強し」というのは、もちろん子どもがいるからです。

つまり、人は子どものため、恋人のためというように、守るものや、守るべき対象、目標がきちんとある場合には不安と対決できます。反対に、それがない場合、不安の苦しみに耐えられません。

ところで、そうした社会的結びつきの条件や背景には、当たり前ですが、とにかくその人が好きなことがあります。好きなことのある人のほうが不安に耐える力を持っています。

シーベリーは、おそらくアメリカでもっとも多くの心を病んだ人たちを救った心理学者です。そのシーベリーは「心を落ち着かせるためには、好きなものを見つけることだ」と言っています。

とはいえ、好きなものを見つけるというのは、簡単なようでありながら、実は難しいことです。特に、これまでにも述べたような、人に見せるための人生を生きている人は、自分の好きなことが分からず、不安からは抜け出せません。

「人に見せるためではなく、自分が信じる目的がある」「人に期待されたことではなくて、自分自身が信じるものがある」、そして「自分自身が信じることを黙々とやる」ことが、不安を積極的に解決するということです。

●リンカーンの「必ずもう一度、幸せになれる」

「信じる価値への献身」で、私がよく思い出すのはアメリカ大統領だったリンカーンです。

リンカーンは一八六一年に大統領になって、奴隷解放をした人物です。ところがこのリンカーンは、重度のうつ病だった時期があるという。若い頃、友人たちが「彼の周りに刃物を置いておくと自殺してしまうかもしれないから危ない」と心配し、刃物を取り除くようにしていたほどだったそうです。

では、そのリンカーンが、なぜ奴隷解放をできたのかといえば、やはり信じる価値の実現なのです。奴隷解放をやらなくてはならないと信じたこと。それによって彼は、もっとも困難な南北戦争の時期にも絶望せずに、何とかして奴隷解放を実現させようという機会を探せたのです。

リンカーンのこんな手紙が残っています。

「お母さんが死んで、もう私は生きる力がない」という手紙をある少女からもらった時に、「必ずもう一度、幸せになる」との返事の手紙を書いています。

普通、うつ病になると後ろ向きの発言をするものですが、彼は「必ずもう一度、幸せになる」と言いました。これが信じる力です。そして最後に「自分の決心に応じて、人間は幸福になれる」と言っています。自分が望んだだけ、決意しただけ、決心しただけ、人間は幸せになれると言っているのです（前掲書 *The Power of Optimism*, p.57）。

若い頃、友人から「周りに刃物を置いておくのは危ない」「自殺するかもしれない」と思われていたリンカーンは、三十二歳頃に「私はもっともみじめな生き物」とまで書いていました（同 *The Power of Optimism*, p.57）。

一方、五十四歳の時には、「ほとんどの人は幸せになろうと決心する程度に応じて幸せになれる」と言っているのです。

こうしたエピソードを見ても、私は、幸せになるためにもっとも重要なことは、「誰がなんと言おうと、私は私自身になる」という決心であると固く信じています。

このように「信じる価値への献身」は、うつ病すら治してしまいます。うつ病について詳しく本書では触れませんが、信じる力には、とてつもない力があるということは知っておいてください。

●アメリカ独立戦争を戦った兵士たち

先ほど戦場の兵士の心理について触れましたが、私はそうした危険な状況の中で、怯える人とそうではない人とどこが違うのか、という事実に大変興味があったので、アメリカの独立戦争のことを調べたことがあります。

アメリカの独立戦争は、ノースブリッジ（マサチューセッツ州）を挟んでアメリカ植民地軍とイギリス軍が対峙《たいじ》することから、始まりました。

ノースブリッジに、アメリカ植民地軍の兵士が集結すると、そこにアクトンというところからアイザック・デービスという大尉が、仲間を連れて遅れて参加しました。

その時、デービス大尉は「私は行くのを恐れないし、仲間には行くのを怖がるような男はいません」と言ったといいます。「ここに一緒にきた男は、行くのを怖がるような男ではない。みんな喜んで街を守るのだ」ということを宣言したのです。

私は、本当に行くのを恐れないなんてことがあるのか、と思いました。戦場の真っただ中のノースブリッジで「行くのを恐れない」と言って、アクトンからノースブリッジに歩いて行った男たち。その時の彼らの気持ちというのは、どういうものだったのか。

そこで私は、同じ季節の頃（二月の雪の時期です）、アクトンからノースブリッジへの道を実際に一カ月間、毎日歩いてみました。

デービス大尉率いる兵士たちは、「これから戦場に行く」と知っていて、「死ぬ可能性がものすごく高い」ことも分かっていた。しかし、それを恐れずに、ここを歩いていく時、彼らの自由という価値に対する確信とはどんなものだったのか。自由のためなら、自分は死んでもいいという信念がなぜ生まれたのか。そんなことを考えながら、毎日アクトンからノースブリッジまで歩きました。

その時に感じていたのは、そこにあった彼らの「自由」「独立」「信じる価値」というのは、とても強いものであったのだろうということでした。「ああやはり、人間を最後に救うのは、信じるものなのだなあ」とつくづく思ったのです。

●ガンジーの〝自分に対する尊厳〟

インド独立の父、ガンジーは中流家庭の出身ですが、子どもの頃は極度の恥ずかしがり屋だったといいます。いじめられて、石をぶつけられるような弱い子どもでした。

その恥ずかしがり屋が、うつ病のリンカーンと同じように、人格の再構成をして、インド独立の父にまでなったのです。

「『シャイで億劫がり屋だった』ガンジーが偉大な建国の父に変わったのも、決意であろう。」

(John McCain, Mark Salter, *Character Is Destiny*, Random House Publishing Group, 2005, p.10)

「小さい頃は、恥ずかしがり屋の子どもで、『私は平均以下の能力しかない、そういう人間です』とまで言っていました。しかし『知的な発達には限界があるけれども、心の発達には限界がない』と言って、偉大なことを成し遂げたのです。」（Howard Gardner, *Creating minds,* Basic Books, 1993, p.313）

ガンジーを偉大な建国の父に変えたのは、ヒンズー教への宗教的献身です。しっかりとした目的を持つことが大きな力となるのです。

「ガンジーは虚栄心を何に置き換えたのか。自尊に対する堅い信念である。」（前掲書 *Character Is Destiny,* p.12）

ガンジーは虚栄心を自分に対する尊厳と同様に、すべての人の尊厳に対する敬意に置き換えました。シャイで億劫がり屋のエネルギーを、まず自尊に、次にすべての人の命に対する尊敬に置き換えたのです。

虚栄心の反対は自尊の感情、自らを敬う心です。人は自分を尊敬できないから、虚栄心が強くなります。なぜそうなるかというと、生きる目的を見つけられないからです。

虚栄心は捨てようとして、捨てられるものではありません。ですから捨てようとするよりも、信じられるものを探すべきです。

それはガンジーのようにヒンズー教でもいいし、仏教でも、キリスト教でも、もちろん宗教以外でもかまいません。自分が信じられる人や、何か信じられるものを探し、それを足がかりにして虚栄心を捨てるのです。

虚栄心がなぜ問題かというと、ストレスを生み出し、私たちの内なる力を破壊するからです。虚栄心の強い人は不眠症、あるいはうつ病や自律神経失調症になるかもしれません。とにかく虚栄心は生きることをつらくします。

アドラーやベラン・ウルフがいうように神経症は虚栄心が原因です。神経症者は生きる目的を間違えています。自分の生きるエネルギーの使い方を間違えているのです。

私たちが、ガンジーから学ぶべきことは、私たちの中に眠っている大いなる力を知るということです。心の中に眠っている潜在的可能性は、十分に発揮される機会を待っています。

「ウィリアム・ジェームズは、人間はみな極めてわずかな部分の可能性しか使っていないと主張した。建設的なストレスや、ある状態――大恋愛、宗教的熱情、戦う勇気――に置かれて初めて、私たちは深く豊かな創造的資質に気づく。そして身体の中に眠っている大量の生命力に奮い立ち始めるのである。

マインドレスネスは、自己イメージをおとしめ、選択肢を狭め、独りよがりな心構えをもたらす。この様にして、私たちは自らの可能性を浪費する。」（『心の「とらわれ」にサヨナラする心理学』エレン・ランガー〈著〉、加藤諦三〈訳〉、ＰＨＰ研究所、97頁）

ハーヴァード大学のエレン・ランガー教授は「発育を阻止された可能性（Stunted Potential）」ということを言っています。成長に必要な内なる力を奪う何かがある。その何かとは繰り返しになりますが、虚栄心であり、復讐心であり、自己執着です。そして、その核にあるものは自立ではなく依存です。

●人生を切り拓く最良の手段

リンカーンやガンジーという名前を出すと、何か特別な人のことと思うかもしれませんが、決してそうではありません。

例えば、目が不自由で、さまざまな困難がありましたが、それを乗り越えて幸せをつかんだという人がいます。ある講義の後で、その方から手紙をもらいました。そこには「私の心はいま、歓喜に満ちています」と書いてありました。「目が不自由だからこそ、分かることがある」ということが書いてあったのです。その人は数学が好きで、朝五時に起きて数学の勉強をして、ビジネスパーソンとして会社に勤めています。

この方の信じる価値への献身は、ガンジーと同じ種類のものです。いま、あなたの隣にいるであろうあの人も、ガンジーも、リンカーンも、信じる価値への献身は、みんな同じように持てるものなのです。

逆に信じる価値がない、または歪んでいるのは、本当に不幸な状態です。それは心に大きな傷を負っているのに等しい。

「自分自身である」ことが、不安を乗り越えるための最良の手段です。そのためには、自分が信じられる価値を見つけることが大切です。

●素直とは、現実否認をしないこと

不安を乗り越える積極的な方法の二番目は、「意識領域の拡大」です。不安の消極的解決で、現実否認の話をしましたが、意識領域の拡大は、それと表と裏の関係です。

現実否認せずに、自分自身に対する意識領域を拡大する。もっといえば、自分自身の無意識の力を意識化するというのが、意識領域の拡大ということです。

無意識の意識化は、不幸な人が幸せになるためには必要不可欠です。無意識の領域にさまざまな問題を抱えたまま、そこから目を背けている限り、幸せになれることはありません。

素直という言葉は長所としてよく使われます。では、素直とは何かというと、まさに現実否認をしないということなのです。

素直でない人は、自分について耐えがたい感情を認めない。

不安などの感情は無意識に追いやる。

無意識で自分は愛されるに値しない人間であると感じている。

しかし、それを認められないので、虚勢を張る、現実否認をする。そうした仲間が欲しい。

素直でない人は、本当に欲しいものを欲しいと認めません。結婚したいのに、結婚できそうにないので、「結婚なんてくだらない」と言います。

こうした態度でいるので、他人とも自分自身とも触れ合えなくなり、素直でなくなります。

また、そうした歪みは、歳を取るにしたがって表情に表われます。例えば、どこか真剣なところがないなど、正面から物事に向き合った姿勢がない場合、斜《はす》に構えざるを得なくなり、そうした斜に構えた心が表情に出てしまうのです。

自分が、ある人から望むほどに認めてもらえない場合、素直に解釈する人は伸びるのですが、現実否認する人はひねくれて解釈し、ありのままの現実を認められません。望むほどに認めてもらえないということを受け入れられないのです。

素直だから幸せになれるのか、幸せだから素直になれるのか、一概には言えない部分はあります。ただ、素直な人の人生は好循環していきやすいのは確かです。人生の課題というものを突き詰めれば、現実否認をするか、現実の自分を受け入れて自己実現するかに分かれます。現実を認めるくらいなら死んだほうがいい、と言って死んでしまう人もたくさんいます。

しかし、現実の自分を認めることをしないで、自己実現はあり得ません。「現実に直面するのは嫌だ。でも、悩みを解決してくれ」というのは無理です。そういう考え方だと、人生は必ず行き詰まります。

●現実を直視できているか

不安の消極的な解決で、合理化の話をしました。合理化によって、その場の不安から逃れることはできても、結局、心は弱くなっていく。また、どれほど弱くなっているかということは、本人でも分からないと述べました。

しかし実は、合理化のせいで我々がどのくらい弱くなっているのかを意識する方法はあります。その方法こそ意識領域を拡大することです。合理化の裏には、無意識的な力が隠されています。前に述べたように、我が子を感情に駆られて殴っておきながら、しつけと言っている。本当にそう思っている人がたくさんいます。そうした無意識の力、隠しているものを意識することが、不安の積極的な解決になるのです。

実は多くの人は無意識のうちに成熟を拒否しています。意識の領域でなんといおうと、まさに、フロイトが「我々は常に苦しみたがる」と言っているように、無意識のところでは不幸を望んでいる場合が多いのです。そのように無意識と意識が矛盾して葛藤しているから、我々はますます不安になっています。

ですから不安を感じる人は、何か具合が悪いことが自分の中でいま起きているのだということを、はっきり認識しなければいけません。それこそが、不安の積極的解決です。

ある統合失調症の娘とその母親の話です。母親は自分の不幸を否定したばかりでなく、娘の不幸も否定しました。「家族みんな幸せ」と言い張ったのです。

「家族みんな幸せ」という硬直した見方に固執し、「私は幸せだ」と言う。娘が統合失調症を病んでいるという現実を前にして、「家族みんな幸せ」と言い張り続けました。

そのくらい現実を認めることはつらいことなのです。

「夫人が自分の不幸だけでなく、ジューンのみじめさをも否定したことは注目に値する。」（『狂気と家族』R・D・レイン、A・エスターソン〈著〉、笠原嘉・辻和子〈訳〉、みすず書房、189頁）

こうした現実否認が、さらに事態を悪化させます。逆にいえば「苦しみが救済と解放につながる」とアドラーが言っているように、現実を直視することが解決につながるということです。

「本当のことを認めるくらいなら死んだほうがいい」というのは、「苦しみは救済と解放につながる」ということとは、まったく逆です。そして、とにかく独りよがりの論理にすがろうとする人もいます。

●「なぜかを突き詰める」が幸運の扉

例えば、失恋をした時に、自分を振った相手を「あんな女」と言ってけなす男性がいる。しかし、無意識では振られた相手のことをいまでも好きでいる。新しい女性と付き合って、「こんないい人はいない」といくら言っても、別に好きなわけではない。これでは決して幸せになることはできないことは理解できると思います。

もちろん、失恋はつらい経験です。その経験は悲しいが、その人が成長していく上で、一つの通過点だともいえます。そのように捉えて、不安の積極的な解決をする人は、「では、なぜこの恋愛は破綻したのだろう？」と考える。つまり意識領域の拡大には、「なぜ？」という問いが不可欠なのです。幸運の扉は、「なぜ？」という問いから生まれることを覚えておいてほしいと思います。

なぜ、あの人と別れることになったのか。

なぜ、いま自分はこんなに苦しいのか。

なぜ、自分はこんなに不愉快なのか。

なぜ、自分はこんなに憂鬱なのか。

なぜ、自分はこんなに依存心が強いのか。

「なぜ」ということを本気で考えて、自分の無意識に気がつくことが、本当の不安の解決につながるのです。その結果、自分に向き合う力が備わります。


ある人が「自分は野球が下手だと認めるのに三十年かかった」と言っていました。三十年がかりの意識領域の拡大です。野球が下手だと認められる人は、そんなことを認めたからといって、自分の尊厳が失われないと感じているから、それを認めることができるのだろう。野球が下手でも、「俺は下手だから」と言ってみんなと応援することを楽しんだり、球ひろいをして楽しく過ごす人は、自分を受け入れているし、またそれゆえに素直に他人を認めています。

自分の劣等を一つひとつ認めることで、一つひとつ成長していきます。そういう人は自分の人生に対する信頼、自分に対する信頼を持っている人でしょう。そしてそれだけに人生のさまざまな豊かさを味わうこともできる人なのです。

●不安な時は人生の岐路

どんなに自分は正しいと思っても、周囲から孤立している時には「自分は無意識の領域に問題を抱えているかもしれない」と考えたほうがいいでしょう。

どんな人の人生でも、次々と問題が起きます。その問題に対処し、それを解決していくところに生きる意味が生まれてきます。生きることは問題を解決することなのです。

いま、日本ではドメスティック・バイオレンスや不登校、引きこもり、パワーハラスメントが増えています。学校ではいじめがなくならない、というように次から次へと問題が起きているのも、これが原因です。

親になったけれども、親になりきれなくて、子どもを虐待してしまう人は、虐待をしたくてしているわけではありません。虐待なんてしないほうがいいことは、本人にも分かっている。しかし、虐待をした親は、その時は反省しても、再び同じことを繰り返してしまいます。

現代人は、誰もが生きることに手一杯で、自分の能力を超えて生きているのです。共同体の中で個人としての存在が担保されなくなった結果、社会にさまざまな歪みが生じているのです。

しかし、だからこそ「不安な時は人生の岐路」と捉えてほしいのです。現代の消費社会、競争社会において、潰れてしまうのか、それとも本当に強い人間になって、最後まできちんと生きられるのか、という岐路に立たされているのです。生きることは問題を解決することなのです。

●不安への対処で人生が決まる

そういう意味では、「自分は神経症的傾向が強い人間だ」と意識することができたなら、「自分にはまだ広大な可能性が残されている。人生はこれから」と考えていいのだろうと思います。

前に述べたように神経症的な不安とは、その人のパーソナリティーに何か具合の悪いことが起こっており、不安とはそれを知らせる警告です。その不安に対し、積極的に対処できるか、それとも消極的に対処するかによって、人生が大きく変わってきます。不安への対処の仕方によって、人生が決まってしまうのです。

神経症的不安のせいで、絶えずさまざまなことで悩んではいますが、問題は一つひとつの悩みごとだけではなく、そもそも人間関係にあります。人間関係に何か具合の悪いことがあり、その具合の悪さが悩みの根っこに横たわっています。

ですから、生きることが苦しくてつらくなった時には、まず自分の人間関係を正面から考え直しましょう。イライラした時は、「なぜこんなにイライラするのだろう？」と考えてみるのです。

例えば子どもが不登校になったら、「私の子どもへの接し方に、どんな問題があるのだろう？」と考えます。

自分の意識領域に気づけば、その内面的な要因の発見が新しい洞察力を生み出します。シーベリーは、「内面的要因を発見するということが、不安の積極的な解決」と言っています。

我々は、みんな努力していますが、その中には途中で燃え尽きてしまう人もいます。なぜそうなるかというと、「exclusively」、つまり排他的に努力しているからです。残念ながら、努力の方向が間違っている場合が多いのです。

逃げる努力（不安の消極的解決）ではなく、立ち向かう努力（不安の積極的解決）をしてください。立ち向かう努力なくして、人生にハッピーエンドはありません。逃げる努力をどんなに続けても、ハッピーエンドにはなりません。

自分の人生を捨てるようなことを口にする人もいますが、大切なのは過去にさかのぼり、「なぜ自分に価値がない人間という自己蔑視のイメージを持つようになったのか？」「その要因となった人間関係は、どういう人間関係だったのか？」を考え、自分自身を再教育することです。

「自分を追い込んだ」「誤った価値観を身につけてしまった」その源を辿っていくことが、すなわち人格の再構成になると思います。

「私は人生に失敗している、私は生きているのが怖い、私は生きている意味を見失っている」という現実を認めるのは苦しいことです。

しかしそれを認めるからこそ、アドラーの言うように、苦しみは解放と救済への扉となるのです。「認める」ことによって、ロロ・メイが言う「意識領域の拡大」があり、カレン・ホルナイが言うように「内面の自由と力」が獲得できるのです。

あなたが人生を捨てたのであって、人生があなたを捨てることはありません。

おわりに

●真理を見ることが苦しみから解放してくれる

現在の日本における深刻な問題の一つとして、引きこもりがあります。

三十歳、四十歳、五十歳という本来なら働き盛りの人が引きこもり、自分は何もせず、年老いた親の年金で暮らしています。あるいは、高齢の親が死ぬ思いで働いているのに、自分は何もせずに親の脛《すね》をかじっている人もいます。

何となく漠然とした敵意を世の中や人々に持っている人、漠然とした不満を抱えている人がいます。そうした何となく不安だという人は、自分で意識していないところに問題を抱えているのです。

しかし、仮にそれに気がついても、彼らにはそれを認める気持ちはありません。心の葛藤から目を背けているから不安なのであり、その不安が自立の妨げとなっているのです。

「幸福な人間は、自分の人生の型を拡げて現実に直面しようとする。」(『どうしたら幸福になれるか〈下〉』W・B・ウルフ〈著〉、周郷博〈訳〉、岩波新書、9頁)

目の不自由な方が、自分の心の葛藤と戦っていました。

彼は大学で障害者支援センターの部屋に入ることで、不安から抜け出すことができました。そして友人を見つけ、支援を受けながら世界を広げることができました。葛藤を受け入れることが心の強さです。そして、その弱点を受け入れることで世界が広がり、自分の長所が見つかります。

不安を一つの経験として突き抜けた人は、個性的です。物静かで自信があり、落ち着いていて、心が喜びに満ちている。不安に耐える能力は、個性を持っているという証です。流行のブランドバッグを持つことが個性なのではありません。

真理を見ることの苦しみは、解放と救済に通じます。

例えば、「あの人たちは自分の親友ではなかった」「母親は優しい人ではなかったのだ」という事実を認めるのはつらいことです。

しかし、それを認めることができれば、「人間は恵まれない環境で成長すれば、自己疎外されるのだから、いままでの自分の自己疎外もやむを得なかった」と自らを受け入れられるようになります。どこかの段階で真実を見るのです。自分は自分として生きてこなかった、自分は間違っていたということを認めればいいのです。

その真実を認める時が大切です。

現実を正しく受け止めることは苦しいものですが、いまの自分のマイナスの感情から逃げないことが解放と救済に通じます。マイナスの感情こそ、自分が成長する機会です。「自分はそういう人間だ」ということが理解できて、初めて正しい方向へ歩み始めることができます。

そうしたプロセスを通して、初めて意志が人を救うのです。

ロロ・メイの言うように、意志は自己破壊的に働く場合があります。しかし、自分についてのマイナスの感情を正しく利用すれば、意志が自己破壊的に働くことはありません。

意志は人を救うのです。それを合理化したり、現実否認したり、抑圧したりすると、人は生産的に生きることはできません。幸せになることはできないのです。

●一生懸命にしたことがすべて良いとは限らない

なぜ人は毎日悩むのか。
なぜ人は毎日「死にたい」と言うのか。
なぜ「死にたければ死んだら」と言われると怒るか、落ち込むのか。

不安な人の「死にたい」という言葉は嘘ではないでしょうが、一方で死にたくないという気持ちにも嘘はありません。その人は、自分の内面の変化を拒否しているということです。

悩んでいる人が、これまで一生懸命にしてきた努力のすべてが良いとは限りません。視野の狭い「一生懸命」もあります。自分の努力が、すべて相手にとって望ましいこととは限らない。相手とのかかわり合いの中で物事を考えてこなかったことが原因です。

いま、中高年の自殺が増えています。自殺する人たちは怠け者ではありません。それまで一生懸命働いた人です。一生懸命頑張ってきたのですが、同僚、上司、部下とのコミュニケーションがうまく取れないでいた。

「なぜ一生懸命働いているのに、人間関係がうまくいかなかったのか?」「なぜ仕事もうまくいかなかったのか?」

それは、不幸になるだけの努力をやめようとしても、やめられなかったからです。いまの状態に固執しておきながら、「私は幸せになりたい」と言っていたからです。

そういう人は適性に合わないこと、嫌いなことを無理して頑張って、消耗した燃え尽き症候群です。頑張りすぎた結果、無気力になってしまう人もいます。

●幸せの出発点に立とう

人はみんな幸せになりたいと願っています。その気持ちに嘘偽りはないでしょう。

しかし、幸せになりたい願望よりも、不幸になる魅力ははるかに強烈です。

意識と無意識が抱えるこうした葛藤、矛盾を理解せずに、ただ幸せになりたいと言っていても幸せにはなれません。

それを理解してもらえれば、この本の目的は達成されました。

繰り返し述べてきたように、不安は、自分の生き方のどこかがおかしいというメッセージなのです。

自分のこれまでの言動の真の原因を理解できるようになれば、きっと生きやすくなることでしょう。

敵意のような感情を抑圧し、漠然とした不安に苦しめられている人が、その状態で努力や修行をするのは危険です。性格が歪んでしまう場合さえあります。

それよりも「なぜ自分は不安を感じているのか?」という原因を見極めることが先だと最後に強調しておきたいと思います。

「神経症的不安は、その人のパーソナリティーの中に何か具合の悪いことが起きていることの警告として、建設的に処理できるものである（神経症的不安は、同じくその人の人間関係になにか故障のおきていることを示している）。」（前掲書『不安の人間学』186頁）

「何か心配ごとがあるときは、常に、自分が回避している中心的な事実があるのです。その中心的な事実は、あなた自身を変革せよ、という要求をします。その要求は何度もあなたの前に現われるはずです。」（前掲書『心の悩みがとれる』２００頁）

不安の積極的解決ということを考えていくと、シーベリーのこの言葉がよく理解できるはずです。

不安な人は、何が自分を苦しめているのか分かっていません。

Herbert N.Cassonの『Thirteen Tips on Luck』（幸運をつかむ十三のヒント※未邦訳）（B.C.Forbes Publishing Co, 1929）という本があります。

その本には、幸運をつかむヒントとして「なぜ？　と考える」ことがあげられています。「なぜ？」で心の葛藤と直面し、内なる力を得るのです。

すでに本文中に何度も述べたように、人間にとって不安は根源的な問題です。いまの時代の一時的なことではありません。

そして不安は、ますますこれからの人類にとって本質的な問題になるでしょう。その問題を正面から取り上げたのがこの本ですが、永田貴之氏、堀井紀公子氏に見事な編集をしていただく幸運に巡り会えましたこと、紙面を借りて感謝の意を表したいと思います。

二〇二一年十二月

加藤諦三

PHP新書

PHP INTERFACE
https://www.php.co.jp/

加藤諦三［かとう・たいぞう］

1938年、東京生まれ。東京大学教養学部教養学科を経て、同大学院社会学研究科修士課程を修了。1973年以来、度々、ハーヴァード大学研究員を務める。現在、早稲田大学名誉教授、ハーヴァード大学ライシャワー研究所客員研究員、日本精神衛生学会顧問、ニッポン放送系列ラジオ番組「テレフォン人生相談」は半世紀ものあいだレギュラーパーソナリティを務める。

著書に、『どんなことからも立ち直れる人』『メンヘラの精神構造』『心の免疫力』（以上、PHP新書）、『テレフォン人生相談』（扶桑社）など多数、訳書はアジアを中心に約100冊ある。

不安をしずめる心理学

PHP新書 1293

二〇二二年一月二十八日　第一版第一刷

著者――加藤諦三
発行者――永田貴之
発行所――株式会社PHP研究所
東京本部――〒135-8137 江東区豊洲5-6-52
第一制作部 ☎03-3520-9615（編集）
普及部 ☎03-3520-9630（販売）
京都本部――〒601-8411 京都市南区西九条北ノ内町11
組版――有限会社メディアネット
装幀者――芦澤泰偉＋児崎雅淑
印刷所――大日本印刷株式会社
製本所――東京美術紙工協業組合

ISBN978-4-569-85130-3

ＰＨＰ新書刊行にあたって

「繁栄を通じて平和と幸福を」（PEACE and HAPPINESS through PROSPERITY）の願いのもと、ＰＨＰ研究所が創設されて今年で五十周年を迎えます。その歩みは、日本人が先の戦争を乗り越え、並々ならぬ努力を続けて、今日の繁栄を築き上げてきた軌跡に重なります。

しかし、平和で豊かな生活を手にした現在、多くの日本人は、自分が何のために生きているのか、どのように生きていきたいのかを、見失いつつあるように思われます。そして、その間にも、日本国内や世界のみならず地球規模での大きな変化が日々生起し、解決すべき問題となって私たちのもとに押し寄せてきます。

このような時代に人生の確かな価値を見出し、生きる喜びに満ちあふれた社会を実現するために、いま何が求められているのでしょうか。それは、先達が培ってきた知恵を紡ぎ直すこと、その上で自分たち一人一人がおかれた現実と進むべき未来について丹念に考えていくこと以外にはありません。

その営みは、単なる知識に終わらない深い思索へ、そしてよく生きるための哲学への旅でもあります。弊所が創設五十周年を迎えましたのを機に、ＰＨＰ新書を創刊し、この新たな旅を読者と共に歩んでいきたいと思っています。多くの読者の共感と支援を心よりお願いいたします。

一九九六年十月

ＰＨＰ研究所